AROUND

Vol.91
2023 October

잠의 시간 The Rest

ISSN 2287-4216
ISBN 979-11-6754-029-4
KRW 18,000

Jeon Jinhee, Jung Insung, Seong Taemin, Min Yongjun & Lee Jooyeon, Jiya,
SIMMONS, Aesop, Delphic, Collins, Pause Please, Laura Riu

'잘 먹고, 잘 자자.' 몇 해 전부터 내 다짐은 간단하고 명료해졌다. 나에게 잠은 하루를 마무리하는 중요한 행위다. 하루를 제대로 끝내지 못한 찝찝한 마음을 안고 누울 때가 많아지면서 고민이 시작됐다. 분명 머리만 대면 잠이 오던 시절이 있었는데, 언젠가부터 그러지 못하고 있다. 수면의 질을 높이고 싶어 베개도 바꿔보고, 매트리스도 바꿔봤다. 계속 샘솟는 생각이 문제였다. 생각을 멈추고 깊은 수면에 빠져들어 상쾌하게 일어나고 싶다. 수면과 관련된 연구자료에는 세계적으로 평균 8시간에서 현재 7시간대로 인간의 수면시간이 줄고 있다고 했다. 피로한 현대사회를 증명하듯 관련 상품도 나날이 늘고 있다. 우리는 밤의 이야기를 전하고 싶어졌다. 깨어 있는 상태가 의식의 세계라면, 자는 상태는 무의식의 세계다. 꿈은 '잠자는 동안의 정신 현상'으로 또 다른 세계라 할 수 있다. 유명한 과학자들은 꿈에서 답을 찾거나 영감을 얻었다고 하는데, 내가 기억하는 꿈은 답은커녕 물음표만 늘어날 뿐이었다. 주변 사람들이랑 이야기를 나눠보니 정말 제각각이었다. 누구는 머리만 대면 잠이 든다고 했고, 누군가는 깊이 잠들지 못해 뜬눈으로 지새운다고도 했다. 술을 마셔보고, 명상을 하거나 책을 읽으며 잠을 청한다고도 했다. 깜깜한 밤, 각자 잠에 빠져들고자 저마다 어떤 의식을 갖는다는 생각이 들었다. 우리는 누구나 잠을 잔다. 하루 중 3분의 1에 해당하는 긴 시간 동안 무슨 일이 일어나는 걸까?

김이경—편집장

잠의 시간 The Rest

Contents

Bedroom

다소의 빛

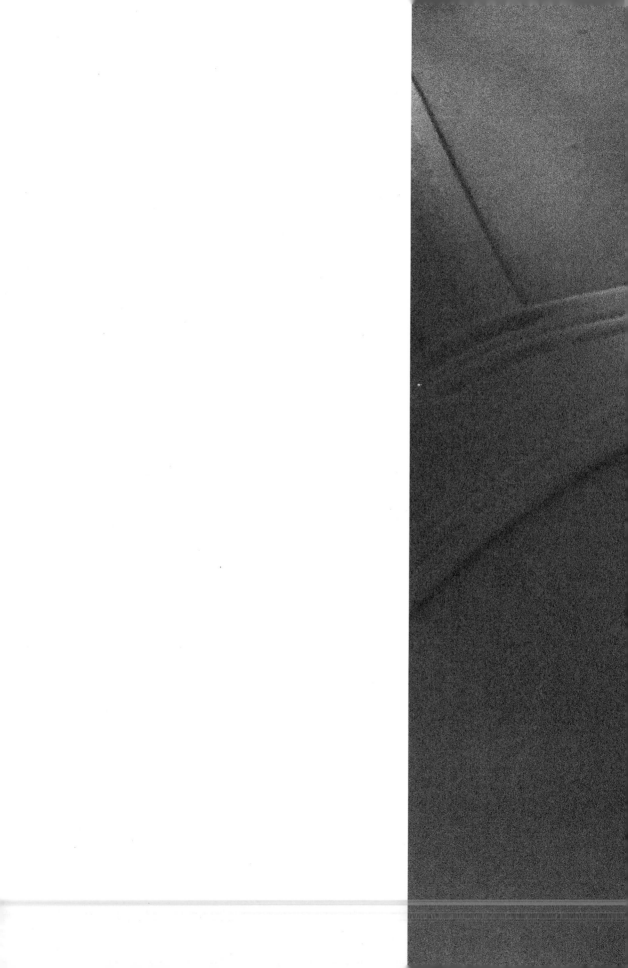

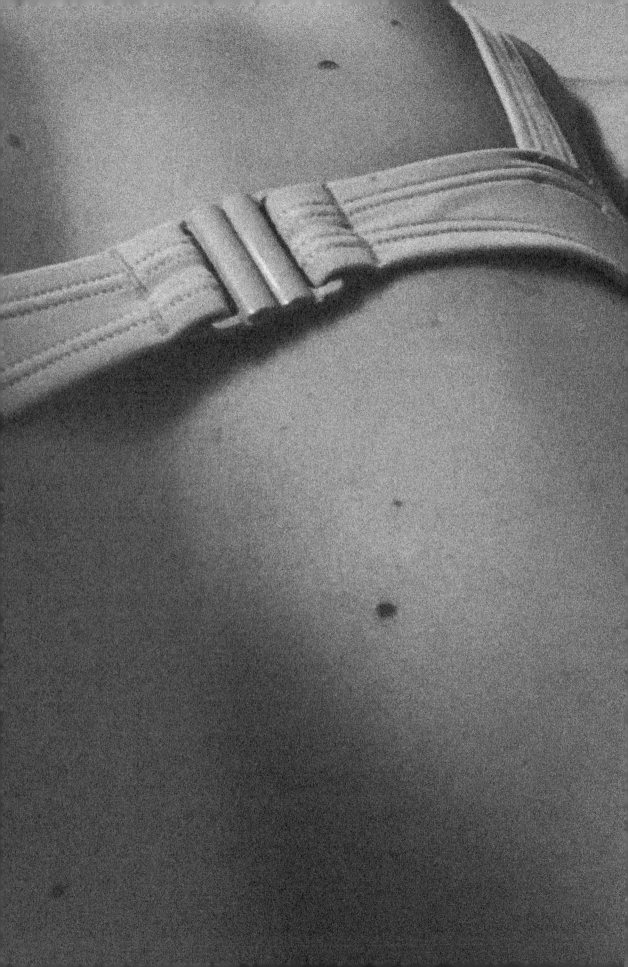

Photographer

LAURA RIU

에디터 **이주연**

로라와 대화하게 되어 기뻐요.

반가워요. 저는 사진 촬영에 관심이 많고, 세계 여행을 좋아하는 디자이너 로라예요. 저는 제가
원하는 거라면 언제나 할 수 있다고 믿어요. 그런 마음으로 올해 개인 브랜드를 론칭했는데,
요즘은 하는 일이 모두 재미있어요. 열정과 호기심으로 움직이고 있죠.

활기 있는 나날을 보내고 있군요. 지금 어디서 지내고 있어요?

바르셀로나의 작은 마을에서, 풍성한 자연에 둘러싸여 살아가고 있어요. 이런 풍경은 제 인생에
아주 중요해요. 저는 자연이 주는 마법을 좋아하거든요. 평범한 사물이 무작위로 배열되어
특별한 규칙을 만드는 걸 특히 좋아하죠. 최근에는 사람들이 주변 환경과 어떻게 교류하고
자기만의 분위기를 어떻게 만들어 가는지 기록하는 데 흥미를 느껴요.

**로라의 사진을 보고 있으면 이국의 평화로운 어딘가에 뚝 떨어진 것 같아요. 광활한 자연,
아무것도 놓이지 않은 테이블, 모래사장의 의자…. 그 모든 사진에서 평온함이 느껴져요. 어떨
때 포착하고 싶다는 마음이 들어요?**

저에게 가장 중요한 것은 빛이에요. 그리고 적당한 시간에 알맞은 곳에 있는 것이지요. 풍경은
그다음이에요. 특정한 장면에 눈길이 닿을 때가 있는데 그 모든 것이 어우러지는 순간, 사진은
훨씬 아름다워져요.

**타이밍이 중요하겠군요. 단순한 사진에서도 깊이감이 느껴지는 게 신비로워요. 평범한
벽에서도 양감이 느껴지거든요.**

고마워요, 무척 좋은 이야기네요. 저는 따뜻하고 선명한 톤을 좋아해요. 거기서 오는 편안함,
차분한 분위기가 양감을 주는 게 아닐까 해요. 요즘은 아날로그 촬영이 좋아서 필름 카메라로
촬영하고 있는데요. 필름이 완벽한 톤을 만들어 내서 아무것도 손대지 않고도 따뜻한 느낌을
얻을 수 있다는 게 참 좋아요. 디지털카메라는 니콘 D750을, 필름 카메라는 니콘 F401을
사용하고 있어요. 제 첫 카메라는 니콘 D90이었는데, 항상 갖고 싶던 거여서 첫 카메라를
가지던 순간이 지금도 생생하게 기억나요. 그러고 보면 줄곧 니콘 제품만 사용해 왔네요(웃음).

사진은 사실 고정된 장면인데 로라 사진은 왠지 입체적이에요. 끌어안은 친구들에게서 웃음소리가 들릴 것 같고, 넓은 바다에선 금방이라도 물방울이 튈 것 같거든요.
장면과 순간과 분위기가 연결되어 있기 때문이라고 생각해요. 풍경과의 연결, 사람과의 연결…. 사진은 그런 연결성에서 미래나 과거가 아닌 현재의 마음을 모으는 작업이 아닐까요? 셔터를 누르는 건 제 마음에 그 순간을 영원히 각인시키는 방법이죠.

이번 호 주제어가 '잠'이에요. 잠은 곧 쉼이자 휴식이고, 삶이기도 할 텐데요. 잠이라는 단어에 어떤 이미지가 떠올라요?
별이 가득한 하늘, 출렁이는 파도가 있는 바다, 자연 속의 해먹….

평화롭네요. 요즘 잘 쉬고 있어요?
네. 얼마간 바다에서 지냈는데 마음이 편안해지면서 푹 쉴 수 있었죠.

로라에게 푹 쉰다는 건 어떤 의미예요?
일찍 일어나서 아침 빛을 즐기거나 산책하는 걸 좋아하는데, 이른 아침 햇빛을 볼 때 잘 쉬었다는 느낌을 받아요. 쉰다는 것에 늘 깊이 감사해요. 느린 음악과 좋은 책이 함께라면 더할 나위 없죠. 종종 촛불을 켜고 밤을 보내는데, 그런 시간도 무척 좋아해요.

SNS에 사진과 함께 올리는 글을 유심히 보았어요. "침묵은 중독을 만든다.", "아름답게 만드는 것들에 대한 슬픔이 있다.", "기다림을 즐기면 기다릴 필요가 없다는 것을 깨닫는다."…. 아름다운 문장들이 눈에 띄어요.
책 읽는 걸 좋아해서 문장이나 단어에도 관심이 많은데, 사진 사이에서 그런 이야기를 만들어내는 게 즐거워요. 쉬운 일은 아니지만 가끔 사진과 잘 맞는 완벽한 문장을 얻으면 마법을 마주하는 기분이에요.

사람마다 다른 것 중 하나는 바로 선호하는 잠자리일 거예요. 누군가는 반드시 캄캄해야하고, 또 누군가는 반드시 낮은 베개를 베기도 하죠. 똑바로 누워서는 잘 못 자는 사람도 있고요.
저는 잠들기 위해 약간의 빛이 필요해요. 목 아래 딱딱한 베개도 있어야 하고요. 언제나 그런 환경을 만들어 두고 잠을 청하죠. 보통은 푹 자는데 가끔은 생생한 꿈으로 잠을 안 잔 것 같은 기분이 들 때도 있어요. 꿈이 참 신기한 게, 깨고 나면 생생한데 기억에서 금세 잊히잖아요. 요즘은 그런 기억이 아쉬워서 아침에 눈떴을 때 생생하게 떠오르는 장면들을 노트에 기록하려고 해요. 나중에 읽어보면 바로 떠올릴 수 있게요.

제 꿈 노트와 언젠가 바꿔 읽어보고 싶네요(웃음). 로라에게 달콤한 작업을 제안할게요. 아무 조건도, 제약도 없어요. 무엇이든 촬영할 수 있죠. 어떤 작업을 해보고 싶어요?
지난주에 영화 〈갓랜드〉(2022)를 보고 깊은 감명을 받았어요. 영화에선 시간이 흐르면서 풍경이 변하는 모습을 볼 수 있어요. 풍경을 구성하는 요소, 색, 빛 같은 것들이 전혀 다른 것으로 바뀌어 가는데요. 저만의 특별한 풍경이 흘러가는 시각적 탐구를 해보고 싶다는 생각이 들어요. 정말 멋질 거예요.

Before Sunrise

지저귀는 밤

전진희—뮤지션

에디터 이주연
포토그래퍼 Hae Ran

깜깜한 방에서 희미한 불빛에 의존해 더듬더듬 [Breathing] 앨범을 찾아 재생하는 것을 좋아한다. 전진희의 음악은 어쩐지 밤을 닮았다. 단지 잠잠하고 고요해서만은 아닐 테다. 진짜 이유가 무얼까, 생각하는데 우연히 같은 생각을 하고 있는 사람을 만난다. 그러니까, 전진희가 밤과 잠을 닮았다는 게 나만의 생각이 아니라 기지?

항상 꿈을 꿔요. 그것도 엄청나게 많이 꾸죠. 하루에 서너 개씩 꾸는데,
대체로 악몽이고, 매일매일 새벽 5시에 깨고…. 그런 삶이 매일 반복되다 보니
언젠가부터는 괴롭다는 생각도 안 들어요. 아무 말도 하고 싶지가 않아져요.

"나쁜 꿈으로 눈 뜨는 새벽 다섯 시 시린 눈으로 하루를 시작해요." 이번 호 주제어가 '잠'인데, 계속 이 노래를 흥얼거렸어요. 요즘 잘 자고 있어요?
솔직히 얘기하면… 잘 못 자고 있어요. 7월에 앨범이 나왔는데 작업이 끝나면 '후폭풍'이라고 해야 하나, 그런 게 오거든요. 한창 작업에 매진할 땐 모르다가 앨범이 나오고, 공연도 하고, 약간 소강상태에 접어드니까 그제야 올라오는 체력적인 힘듦과 정신적인 지침 같은 건데요. 그런 시기가 닥치니 잠이 잘 안 오더라고요. 한창 작업 중일 땐 매일매일 피곤하니까 오히려 잘 잤는데 작업이 마무리되니까 잘 못 자는 기간이 찾아왔어요.

노랫말처럼 나쁜 꿈으로 눈뜨는 건 아닌지….
다행히 요즘엔 평소랑 다르게 나쁜 꿈은 안 꾸고 있어요. 안 꿨다기보단 잠을 계속 설친 건데요, 얼마 전에 강아지가 아팠거든요. 계속 간호하다 잠들고, 간호하다 잠들고, 하니까 오히려 꿈꿀 겨를도 없이 얕게 자게 되더라고요. 지금은 다행히 많이 회복돼서 경과를 보는 단계예요. (옆에서 강아지가 낑낑거린다.) 네 얘기 하는 줄 아는 거야(웃음)?

참 착하고 순한 친구예요. 소개해 주실래요?
제가 사랑하는 강아지 '모모'예요. 귀엽고 나이가 많고. 벌써 열세 살이 됐어요. 사람들이 모모만 보면 사랑에 빠져요. 사람을 보면 눈을 빤히 쳐다보고 있거든요(웃음). 모모는 새끼일 때 만났는데, 얼굴이 넙데데해서 모모라는 이름이 딱 떠올랐어요.

모모, 오늘 계속 부르게 될 것 같아요(웃음). 2021년 [summer,night]를 낸 이후부터일까요, 진희 씨 음악에 여름을 소환하는 일이 많아졌어요. "겨울 뮤지션인 줄 알았는데 여름도 접수했다."는 리뷰도 왕왕 눈에 띄고요.
[summer,night]를 발매한 이후로 그런 반응이 부쩍 많아진 것 같아요. 한동안 여러 인터뷰에서 여름이 사실은 비수기라고 이야기해 왔거든요. 저뿐만이 아니라 느리고 여백 있는 음악을 하는 뮤지션은 상대적으로 여름에 활동이 적어져요. 날씨가 더우면 기분이 업되는 음악을 듣고 싶잖아요. 그래서 불러주는 데도 상대적으로 적어서 여름엔 되도록 조용히 지냈는데요. 어느 날 문득 '내 음악을 여름에도 듣고 싶게 할 수 있지 않을까?' 싶더라고요. 그런 마음으로 낸 게 [summer,night]였어요. 다행히 이 앨범이 사랑을 많이 받아서 그런 반응이 부쩍 많아진 것 같아요.

여름을 좋아하지 않는다는 이야기도 종종 하셨지요.
일단 체력적으로 많이 지치고 무기력해져서 여름은 '보낸다'는 인상보단 '버틴다'는 인상이 강했어요. 매 여름이 그랬죠. 그러다 딱 이맘때쯤 여름에 서운한 마음이 생기더라고요. 아침저녁으로 서늘해지면 '여름 갔어? 언제 갔지?' 하게 돼요. 매미 소리도 하루아침에 뚝 끊기고요. 너무 시끄러워서 밉던 매미가 어느 순간 싹 사라지면 아쉽고 서운해져요. 그게 여름이 주는 특별한 감상 같다는 생각이 들었어요. 겪을 땐 되게 괴로운데 특별하게 기억에 남는 일이 많다 보니까 자꾸 생각하게 되고…. 그렇게 곡도 쓰게 된 거죠.

그럼 가장 좋아하는 계절은 언제예요?
딱 지금이요. 늦여름에서 가을로 접어드는 이때가 참 좋아요. 하늘도 예쁘고 햇살 색감도 조금 달라지잖아요. 아주 쨍한 여름과는 좀 다른 빛깔이라 지금은 어디에 눈을 둬도 다 예뻐 보여요.

"쨍한 햇빛과 살아있는 것 같은 나뭇잎의 색, 비 내린 후의 하늘, 말로 표현할 수 없는 하늘의 색은 여름에만 볼 수 있다."라고 이야기하신 적이 있죠. 그 말이 참 좋았어요. 이번 여름에 목격한 새로운 장면 있어요?
한창 3집을 준비하면서 '장마철에 들어도 좋은 앨범이면 좋겠다.'는 생각을 자주 했어요. 근데 이번 여름에 비가 유독 많이 왔잖아요. 비 내리는 걸 계속 생각하며 작업하다 보니 비 오는 날이 점점 더 좋아지더라고요. 물론 폭우로 안타까운 상황도 많았지만… 음악 작업하면서는 비 내리는 여름을 좀더 좋아하게 됐어요. 기억에도 많이 남게 됐고요.

저는 등만 대면 자는 편인데, 어쩌다 한 번씩 잠이 안 올 때면 음악부터 찾아서 듣거든요. 그럴 때 듣는 게 [Breathing]이에요. 피아노 연주곡으로만 이루어진 앨범이어서 편안해지더라고요. 이 앨범에 "호흡처럼 자유로운 소리를 내고 싶다."는 소개 글이 있죠. 저한테 호흡은 꼭 해야 하는 거고, 규칙적인 행동이어서 그런지 자유롭다니까 생소한 느낌이에요.
포니테일 머리를 묶고 달리면 기분 좋은 흔들림이 생기잖아요, 근데 그 걸음을 멈추면 머리의 흔들림도 멈춰요. 호흡도 똑같은 것 같아요. 호흡이 멈추면 끝이 나잖아요. 자유로움 속에서 계속 호흡하는 거니까 규칙도 생길 수 있다고 봐요.

아, 그 자유라는 건 내 호흡을 내가 관장한다는 데서 오는 거로군요.
맞아요. 호흡은 사람의 심정에 따라 바뀌어요. 긴장했을 때 호흡과 편안할 때 호흡, 행복할 때와 슬플 때 호흡은 다르잖아요. 그럴 때 일종의 흐름이 생기는 게 아닐까 싶더라고요. 그래서 잠이 안 올 땐 누워서 호흡에 집중해요. 깊게 들이마시고, 다시 내쉬면서 숨 쉬고 있다는 사실에 집중하는 거예요. 몇 년 전에 불안 장애가 심하게 온 적이 있어요. 그때 의사 선생님이 저한테 "할 수 있는 건 호흡밖에 없다."고 하셨거든요. 너무 힘들고 어떻게 해야 할지 모르는 순간에 할 수 있는 호흡법을 알려 주셨어요. 길게 내쉬고, 길게 들이마시는

것의 반복이죠. 사람이 긴장하면 호흡을 잘 못한대요. 거기서 오는 극도의 불안감도 있는데, 그걸 해소하기 위해 내가 숨 쉬고 있다는 사실에 집중하는 거예요.

그 호흡법을 하면 실제로도 잠이 잘 와요?
잠이 잘 온다기보단 잠들려고 노력하는 거죠. 안 하는 거보단 물론 나아요. '내가 지금 많이 긴장되어 있구나. 뭔가에 정신적으로 몰려 있구나.' 싶을 때 호흡을 상기하면 조금 나아져요.

불안하다는 건 끊임없이 뭔가가 움직이는 일 같아요. 온 세포가 바들바들 떨면서 움직이고 있는 것 같아서요. 가만히 있어도 쉬는 것 같지 않아서 휴식이 절실해져요.
맞아요. 불안 장애가 심할 때는 휴식은 생각도 못 했어요. 그래서 병원도 다니고, 상담 받고, 여러 노력을 했는데 선생님이 "진희 씨 몸이 타고 있어요." 하시는 거예요. 사람이 걷거나, 달리거나, 뭔가 활동을 해야 에너지도 분출되고 감정도 바깥으로 뻗어 나가는 건데 불안감이 너무 끝까지 차 있으니까 아무것도 하지 않아도 자꾸 흘러넘쳐서 몸이 타는 상태라고 하더라고요. 근데 그 말을 듣는 순간 맞다는 생각이 들었어요. 그런 걸 체험하고 나니까 다시는 겪고 싶지 않더라고요.

많이 힘들었겠어요. 불안을 잠재우는 휴식법을 좀 알게 됐어요?

전혀요. 시간이 해결해 줬어요. 한 번 경험하고 나니까 다시 그런 불안이 찾아오면 '진희야, 그거 아니야.' 하고 저 스스로 말하게 되고, 다독이게 되더라고요. 그러다 보면 그 정도가 조금씩, 조금씩 옅어져요.

뮤지션 강아솔 씨랑 나눈 대담 인터뷰 참 좋았는데 거기서 "내가 쓰는 곡들은 곡을 시작하게 만든 이야기가 있다."고 하시잖아요. 요즘 마음에 둔 이야기 있어요?
3집 작업할 때부터 줄곧 생각한 건데 모모를 보면서 존재가 꺼져가는 과정에 관해 자꾸 생각하게 됐어요. 안쓰럽고 슬픈데, 집중하게 만드는 힘이 생기더라고요. 동물의 시간은 인간에 비해 정말 짧잖아요. 근데 시간만 다를 뿐 결국 사람도 똑같은 것 같아요. 그런 걸 자꾸 생각하게 돼요.

요즘 화두는 생과 사로군요.
(웃음) 너무 거창한걸요. 그렇지만 분명히 그런 부분인 것 같아요. 무언가 사라져가는 과정을 볼 때마다 자꾸 생각하게 돼요.

그간 음악으로 기록해 온 것들을 "대부분의 이야기가 미움이다. 혹은 분노 상처 버림받았던 아픈 일들이었다."고 하셨는데, 소화하고 휘발하면 좋을 감정을 음악으로 기록하는 이유가 궁금해요.
저는 취미가 없어요. 그러니까 제가 느낀 감정들을 풀어낼 방법이 음악밖에 없더라고요. 취미를 만들고 싶어서 계속 고민하는 중인데요. 여태 없던 게 갑자기 생길 리도 없고, 애써 찾아보는 건 자연스럽지 않다는 생각이 들더라고요. 그러다 보니 감정을 풀 창구는 계속 음악뿐이어서 자연스럽게 피아노로, 음악으로 기록하는 게 아닐까 싶어요.

음악으로 감정을 풀어내는 거네요.
그래서 제 노래 가사를 보면 일기 같기도 하고… 좀 사적인 이야기라는 느낌이 들잖아요. 특히 1, 2집. 저도 그렇게 들리도록 표현해 왔던 것 같아요.

일기장에 기록하는 일은 저한텐 모아놓는다는 의미거든요. 해소하는 과정이라기보다는 남겨두는 느낌이 강해요. 그래서 오히려 좋았던 걸 더 많이 쓰게 되는 것 같아요.
정말요? 저는 나쁜 얘기밖에 안 쓰는데(웃음). 그런 감정을 기록해 두면 다시 한번 비슷한 감정이 찾아왔을 때 펼쳐보게 돼요. 처음 겪는 감정은 아니라는 데서 오는 안도감도 있고, 이전에 이겨내려고 노력해 봤다는

데서 느끼는 위로도 있어요. 그때보다 더 잘, 더 빠르게 헤어 나올 수 있겠다는 생각도 들고, 전보다 나아졌다는 걸 느끼는 것도 좋아요. '한 번 빠져나온 감정이니까, 이번에도 그럴 수 있겠지.' 하면서 위안 삼는 것 같아요.

과거가 현재에 도움을 주는군요.
네. '그랬었지.'라고 생각하면서 '또 괜찮아질 거야.'라고 믿는 거죠. 그 당시엔 물론 죽을 것 같았지만 결국 지나갈 걸 아니까요.

경험하지 않은 것들로 음악을 만들기도 해요?
아니요. 그렇겐 못 해요.

경험이 중요하겠어요.
그래서 어떤 때는 내가 항상 큰일을 당해야만 가사가 나오는 게 아닐까 하는 생각에 좌절도 많이 했어요. '그럼 도대체 난 어떻게 살아야 하지.'라는 생각도 들고, 행복감을 느끼는 와중에도 이면에 남은 불안감에 집중하게 됐죠. 음악을 만드는 이상 계속 나쁜 감정을 마주하게 되니까 '저주받은 인생 아니야?'라고 생각한 적도 있는데 그땐 지금보다 여러모로 어렸던 것 같아요. 지금은 상대적으로 주변을 넓게 보고 있어요. 꼭 미움과 불안이 아니어도 곡 쓸 소재는 있다는 걸 많이 느꼈어요. 특히 3집을 만들면서요.

가장 최근에 만든 곡이 궁금해지네요.
'노랫말'이에요. 그거야말로 지금의 저, 현재 상태를 담아낸 가사죠.

고작 짧은 노랫말 안에 내 마음 담을 수 있나요
불행 속에 싹 틔운 작은 빛 하나 살아 있어요
작은 희망 놓치지 않으려 웅크렸던 나의 밤들도
비 갠 하늘 위 구름처럼 멀리, 멀리 보여요
난 왜 노래하는지 그럴 수밖에 없는지
보잘것없는 내 삶에 넌 왜 찾아왔는지
서툰 마음 눌러 담아 오늘을 그리다 보면
살아 있다고 여기에 있다고
사랑이 있다고
— 전진희, '노랫말'

여러 인터뷰를 읽으면서 '이야기가 곡이 되는 순간'을 기록하려 한다는 인상을 받았어요. 데모를 더 좋아지게 만드는 일련의 작업보다 데모가 되던 순가을 다시

불러오고 싶어 한다는 느낌이랄까요.

맞아요. 음악이 더 좋아지는 것도 중요하지만, 음악이 되던 순간을 중요하게 생각해요. 제 음악이 하나의 이야기, 감정, 순간에서 출발하다 보니까 그날 느낀 감정이나 공기가 음악에 영향을 많이 미치거든요. 그 덕분에 이런 이야기가 탄생하게 된 거니까요. 그래서 그때의 기분, 곡을 만들던 당시의 뉘앙스, 분위기에 집착하게 돼요. 예전에는 앨범을 발매했는데도 날것의 데모가 더 좋다고 생각한 적도 많아요. 분명히 어설픈데 뭔가 자꾸 눈물이 나고, 자꾸 손이 가고…. 좋은 스튜디오에서 애써 녹음했는데 왜 데모가 더 좋게 들릴까 고민했는데 그게 그 당시의 뉘앙스 때문인 걸 느꼈어요. 그래서 데모보다 뉘앙스가 더 살아야 한다고 생각하게 됐고요.

데모보다 앨범이 생생해질 순 없을까요?

음… 그러고 싶어서 매번 노력하는데 그보다 생생할 순 없다고 생각해요. 하지만 그걸 계속 붙들어 두려고 하면 녹음할 때도 분명히 시너지가 생긴다고 믿어요. 데모를 생각하지 않고, 그때 기분을 외면한 채 녹음하는 거랑은 분명히 다를 테니까요.

그럼 데모가 가장 좋은 음악이라고 생각하세요?

그렇게 믿는 편이에요. 어설프고, 틀리기도 하고, 음도 나가서 듣기 싫은 부분은 분명히 있는데 이 곡을 내가 왜 만들었는지, 데모를 들으면 느낄 수 있어요. 그래서 가장 완벽한 건 데모가 아닐까… 싶은 거죠.

진희 씨한텐 경험이 참 중요하군요. 잠 이야기를 좀 더 해볼게요. 혹시 잠버릇 있어요?

딱히 없는 것 같은데, 아! 선물 받은 바디필로우를 꼭 안고 자요. 그게 있으면 몸이 편안해지는 기분이에요. 자기 전에, 자고 일어나면 꼭 따뜻한 물을 한 잔씩 마시고요.

수면에 도움이 되나요?

된다고 믿는 거죠.

요즘엔 꿈을 잘 안 꾸신다고 했는데 이전엔 어땠어요?

항상 꿈을 꿔요. 그것도 엄청나게 많이 꾸죠. 최근이 예외 상황인 건데, 보통은 하루에 서너 개씩 꾸는 편이에요. '사소한 이야기'가 그 경험에서 나온 노래죠. 잘 때마다 엄청난 양의 꿈을 꾸고, 대체로 악몽이고, 매일매일 새벽 5시에 일어나고…. 그런 삶이 매일 반복되다 보니 언젠가부터는 괴롭다는 생각도 안 들었어요. 옛날에는 악몽을 꾸고 나면 괴로워했는데 매일 그러니까 아무 말도 하고 싶지가 않더라고요.

나쁜 꿈으로 눈 뜨는 새벽 다섯 시
시린 눈으로 하루를 시작해요
분주한 아침의 불빛들 가운데
난 어떤 사람이었나 생각해요
따뜻한 물 한 컵에 거는
희망 따위가 과연 얼마나 버텨낼 수 있을지
난 고작 이런 사람이란 걸 알고 있지만
그대는 모른 척해 줘요
오 제발 날 가엽게 여기지 말아 줘요
이건 사소한 이야기일 뿐이죠

— '사소한 이야기' 중에서

꿈이 주로 악몽이에요?

완전 악몽이에요.

현실에 기반한…?

네. 현실에서 제가 만나는 사람들이 다 나오고, 현실의 감정도 그대로 반영돼요. 혹은 과거에 제가 느낀 감정, 해결하지 못한 이야기가 끊임없이 나오고요.

흥미로워요. 제 꿈엔 사람이 잘 안 나와요. 나오더라도 전혀 모르는 사람이 나오는 경우가 더 많고요.

정말 부럽네요.

한때는 꿈에서만 보는 사람도 있었어요. 전혀 모르는 사람인데 꿈만 꿨다 하면 나오더라고요. 과거에 어떻게든 만난 적이 있는 사람일 수도 있겠지만요.

꼭 영화 같아요. 저는 항상 아는 사람이고 무조건 현실과 이어져요. 하고 싶은 말이 있었는데 못 했다면 꿈에서 끊임없이 얘기하죠. 상대방 표정까지 생생하게 생각나요. 실감 나게요.

보통은 깨고 나면 잊어버리는데 그러지도 않는군요.

너무 생생해서 정말… 아무것도 할 수가 없는 상태가 돼요.

이런…. 피곤할 것 같아요.

너무 피곤해요. 꿈에서도 그 감정을 그대로 느끼니까요. 꿈속에서 많이 울기도 하고, 화를 내기도 해요. 반대로 굉장히 행복할 때도 있죠. 근데 그 감정이 너무 생생하니까 깨고 나서 '꿈이 맞나?' 싶을 때도 많아요. 상대방 꿈에도 제가 나오고 있는 거 아닐까 생각할 때도 있고요(웃음).

꿈이 이렇게나 현실의 연장 같다면 단잠을 잤다고 생각할 일이 많지 않겠어요.

거의 없죠. 너무 피곤하고, 너무 피곤하고, 너무 피곤하고….
잘 때도 현실이 계속 이어져 있는 기분이에요. 오늘 만난
사람을 꿈에서도 만나고, 내일 만날 사람을 꿈에서 또
만나고….

이번 앨범 소개에 이런 문장이 있더라고요. "이전 그녀의
음악들은 마치 짙은 밤을 적시는 습한 고백이자 아련하고
그리운 아쉬움이었다면 이번 노래들은 자다 깬 어느
여름의 새벽 뜨거운 한낮의 사랑 후 후회와 부끄러움을
머금고 식혀진 대지 같다." 겨울에서 여름으로, 밤에서
새벽으로 건너왔다는 느낌도 들어요.
아, 좋은 문장에 좋은 해석이에요. 너무 좋네요. 그 문장은
평론가님이 써주신 건데 저도 그 대목을 특히 좋아해요.
이번 앨범이 마냥 가라앉고 마냥 슬프기만 한 음악은
아니길 바랐어요. 그래서 사랑이라는 감정을 담기도 하고,
분노가 담긴 그리움을 풀어내기도 했죠. 그런 감정은
꿈에서 느낀 거기도 하고요. 미처 해소되지 못한 감정들도
고스란히 담기길 바랐는데 그걸 잘 캐치해 주셨어요.

방금 이야기한 '분노가 담긴 그리움'은 어떤 감정이에요?
이별했을 때 기분이요. 너무 보고 싶지만 볼 수 없는
이유가 생겨서 헤어지는 거잖아요. 그럴 수밖에 없는
이유가 있고, 그 과정에서 상처도 받고…. 그런 게 분노가
담긴 그리움 아닐까요.

슬프네요. 음… 슬퍼요.
그렇죠?

진희 씨는 본질을 항상 '피아노'라고 이야기해요. 근데
자주 듣는 음악은 얼터너티브한 음악이라고요. 요즘은
어떤 음악 자주 들어요?
여전히 밴드 음악이나 앰비언트 음악들 좋아해요. 근데,
저는 그런 음악이 피아노곡이랑 크게 다르다고 생각하지
않아요. 비슷한 결이 있다고 생각해서 자꾸 모아놓게 되고,
듣게 되더라고요.

잠이 안 올 때 음악을 듣기도 해요?
가사에 기댈 수 있는 음악을 자주 들어요. 한 곡을
밤새도록 틀어놓는 경우가 많아요. 그럼 최면에 걸리는
느낌도 들고(웃음).

새롭네요. 저는 노랫말에 집중하는 편이라 잠이 안 올 때
가사 있는 곡을 들으면 오히려 못 자게 되더라고요.
아, 잠을 자려고 듣는 건 아니에요. 잠이 안 오니까 다른 걸
하기 위해 음악을 듣는 거죠.

아, 그럼 진희 씨한테 자장가 역할을 해주는 음악은
없나요?
네, 없어요. 음악을 하니까 어떤 음악을 들어도 자꾸

뭔가가 들리거든요. 정서적인 것도 그렇고, 기술적인 것도 그렇고요. 저도 모르게 골똘히 음악에 집중하게 돼요. 그러니까 아무리 편안한 음악이어도 음악적으로 듣게 되니까 잠을 전혀 잘 수가 없죠. 그래서 요가원에 가면 힘들어요.

왜요?

요가 선생님이 몸이 편안해지는 음악을 틀어주시는데 그런 음악조차 '코드가 이렇게 흘러가는구나. 이런 악기를 썼구나.' 하고 계속 생각하게 되거든요. 특히 선생님이 선곡을 되게 잘하셔서 몸을 완전히 이완하는 사바아사나 할 때도 계속 생각을 하게 돼요. 요가 끝나면 선생님한테 "아까 틀어주신 곡 뭐예요?" 하고 묻기도 하고(웃음). 그래서 음악보다는 자연의 소리를 듣는 게 긴장을 푸는 데 더 도움이 되는 것 같아요.

새소리 같은 거요?

맞아요. 그런 소리는 정말 편안하게 들려요. 사람들은 앰뷸런스가 지나가거나 경적이 들리면 집중이 흐트러진다고 하는데 저는 그런 환경 음이 좋더라고요. 소음을 좋아한다고 할 순 없지만 자연스럽게 흘러 들어오는 소리는 좋아해요. 데모를 녹음할 때도 그런 소리가 좋아서 일부러 들리게 하는 경우도 있고요. [Breathing] 앨범에는 음성 메모를 그대로 넣은 곡도 있어요. 코로나19 때여서 사람들 기침하는 소리도 들어가 있죠. 처음 그 앨범이 나왔을 땐 민원도 많았어요. "잡음이 들어갔어요. 제대로 발매된 게 맞으요?" 하면서(웃음). 맞다고 설명하는 데 시간을 꽤 들였죠.

피아노가 본질이라고 하면 진희 씨 그 자체일 것 같은데 또 어떤 면에선 전문적으로, 객관화해서 바라보는 것 같기도 해요. 진희 씨한테 피아노는 무엇이에요?

사실 다른 악기도 많이 해보려고 했어요. 기타를 너무 좋아하고, 기타리스트에 동경도 크고, 기타가 만들어 내는 사운드도 엄청 좋아하거든요. 근데 제가 태어나서 가장 먼저 접한 악기가 하필 피아노였던 거예요. 그래서 자연스럽게 표현하는 수단이 된 거죠. 다른 악기로 넘어가 보려고 해도 이미 자연스러워져 있어서 잘 안 되더라고요. 그래서 기타를 만지다가도 다시 피아노로 돌아오게 되니까 제 본질인가 보다 하게 돼요.

처음 피아노랑 어떻게 만나게 됐어요?

네 살 때 부모님께 피아노를 치고 싶다고 이야기했대요. 그래서 피아노를 사주셨는데, 학원에 다닌 건 아니고 계속 혼자 치고 놀았나 봐요. 그러다 예닐곱 살쯤 됐을 때

티브이에서 나오는 곡들을 제가 따라 쳤다고 하더라고요. '애국가'가 들리면 멜로디를 따라 치고(웃음). 만약 제 아이가 그랬다면 "신동이야!" 하고 영재 교육이라도 시켰을 것 같은데 저희 부모님은 그냥 "잘한다, 잘한다, 잘한다!" 하면서 같이 노래 부르시고 그랬대요(웃음).

피아노가 나를 표현하는 수단이라고 느낀 순간도 있겠어요.

자연스러운 과정이었던 것 같아요. 집에선 항상 피아노 앞에 앉아 있었고, 피아노가 필요한 자리에 있으면 꼭 반주는 제가 했어요. 교회라든지, 음악 시간이라든지. 피아노를 연주한다는 행위가 너무 좋아서 자꾸 보여주고 싶고, 저를 표현하더라도 꼭 피아노로 하고 싶었어요. 그런 마음이 지금까지 이어진 게 아닌가 싶어요.

이런 이야기를 들으면 모든 곡이 피아노에서 출발할 것 같은데 의외로 가사를 먼저 쓰신다고요.

저도 신기해요(웃음). 그런 흐름이 신기해서 시작한 게 사운드 클라우드에 매달 올리게 된 피아노 연주곡 'Breathing' 시리즈였어요. 그 녹음 파일들이 모여서 [Breathing]이 된 거고요. 제 본질은 피아노라고 이야기하고 다녔고, 피아노 뒤에 숨어서 표현하는 게 저한테 가장 자연스러운 일인데 왜 자꾸 노래 곡을 쓰고 있는지, 가사를 먼저 생각하는지 모르겠더라고요. 그래서 본질을 찾아가 보자는 생각에 시작한 게 Breathing 시리즈인 거죠. 근데 지금은… 다 같은 것 같아요. 피아노 연주곡도, 가사가 있는 곡도요. 저는 결국 음악을 하고 싶은 거예요. 피아노를 치고 싶었다기보다는 음악을 하고 싶었다는 걸 깨달았어요.

어, 그럼 지금 진희 씨의 본질은 뭐예요?

어… 제 본질이요? 글쎄요. 음…. 저는 표현하는 사람인 것 같아요. 그 수단이 피아노일 수도, 노래일 수도 있는데, 어쨌든 음악일 때 가장 편한 사람.

녹음하실 때 불을 끄고 스튜디오를 어둡게 만든 상태로 건반을 안 보고 녹음을 하신다고 들었어요. 그래서 정말 피아노랑 한 몸이구나, 생각했는데….

저는 악보를 보고 연주하는 것보다 자연스럽게 연주하고 표현하는 게 좋아요. 자유를 느껴야 소리에 집중하게 되는 것도 있고요. 그래서 일부러 더 눈을 감고, 일부러 불을 끄고, 일부러 안 보이게 만들고 소리에 집중하는 거예요.

깜깜할 때 집중이 더 잘되는 편이에요?

네. 그래서 예전에는 강박적으로 깜깜하게 만들고

녹음하곤 했는데 요즘은 굳이 그렇게 하지 않아도 집중할
수 있어요. 나름대로 기술이 생긴 거죠. 그래서 전처럼
무조건 깜깜하게 해두진 않지만, 어쨌든 조도가 낮으면
집중이 잘돼요.

그럼 작업할 때도 밤이 조금 더 편한가요?
예전에는 '난 밤에 만드는 사람이야.'라고 생각했지만 지금은
언제든 밤이 될 수 있다고 생각해요. 제가 마음만 먹으면
집중할 수 있으니까, 언제든 밤으로 만들 수 있는 거죠.

**근사한 말이에요. 자꾸 곱씹게 되네요. 우리는 누구나
밤에 잠을 자요. 왜 그렇게 됐을까요?**
적막하니까요. 해가 뜨면 모든 게 소생해요. 움직임이
보이고, 소리가 들려오고. 그런데 밤이 되면 모든 게
잠잠해지잖아요. 우리의 리듬도 거기 맞춰지는 게
아닐까요?

문득 진희 씨 침실이 궁금해지는데요(웃음).
아무것도 없어요. 작은 방에 침대 딱 하나만 있죠.
침대에선 잠만 자요. 물론 휴대폰도 좀 하고요(웃음).
작업하는 방과는 완전히 분리해 둬요.

**잠은 쉼의 일종일 텐데, 꿈이 진희 씨의 쉼을
방해하잖아요. 진희 씨의 휴식이 궁금해지네요.**

음… 걷는 거요. 요즘은 시간이 생기면 계속 걸어요. 많이
걸으려고 해요. 나무랑 하늘 같은 풍경이 보이면 좀더 쉬는
느낌이 들어서 자주 산책하려고 해요. 그렇다고 등산이나
하이킹을 좋아하진 않아요. 그런 에너지는 없거든요(웃음).
제 동선 가까이 있는 자연, 그걸 보는 게 저한텐 쉼이에요.

쉰다는 게 어떤 의미라고 생각하세요?
나아갈 힘을 만드는 거요.

**가끔 그럴 때 있지 않아요? 쉬어도 쉰 것 같지 않고,
자도 잔 것 같지 않을 때.**
꿈을 계속 꿀 때. 그럴 땐 정말 방법이 없어요. 빨리 지나가길
바라는 수밖에. 되게 위험한 것 같아요. 그런 상황. 꿈에서
벗어나고 싶어서 뭐라도 하고 싶은데 방법도 없고, 그렇다고
해서 약에 의존하고 싶지도 않고. 그래서 따뜻한 물을
마시면서, 핫팩을 항상 곁에 두고 온기를 빌려 '지나가겠지.'
하고 생각해요. 정말 효과가 있는지는 모르겠지만
의존하게 돼요. 못 쉬고 있다고 느낄 땐 따뜻한 것에 기대서
릴렉스한다는 생각으로 몸을 덥혀줘요.

몸이 쉬면 정신도 쉰다고 생각해요?
아뇨, 둘은 다르죠. 근래에 모처럼 쉰다고 느낀 게 도쿄
여행이었는데, 현실에서 멀어지니까 비로소 쉬는 느낌이
들더라고요. 여행지에서 열심히 걷고, 맛집 찾으러 바삐

움직였는데도 마음과 정신은 쉬는 느낌인 거예요. 그때 '나 진짜 쉬고 있구나.' 싶었어요. 최근 들어 처음으로 한 생각이었죠. 쉰다는 건 조용한 데서 잠을 자거나 편안히 있는 상태라고 생각했는데, 그런 행위가 충전을 하게 하는 행위인 건 맞지만 제 본업에서 멀어지는 환경을 만드는 게 진짜 휴식이라는 걸 새삼스레 깨달았어요.

좋았을 것 같아요, 그런 느낌을 받으면서 하는 여행.
정말 좋았어요. 몸 상태가 최상이 아니었는데도 걷는 내내 붕붕 뜨는 느낌도 들었고요. 한국에서는 맛있는 걸 먹어도 작업이나 스케줄 생각 때문에 고뇌의 연속처럼 느껴졌는데 여행지에서는 맛집 하나만 생각하면서 다니니까 과정도 재미있고 기분도 좀 이상하더라고요. 비행기 타고 잠깐 옆 나라에 왔을 뿐인데 모든 게 너무 달라서요.

다행이네요, 진심으로 다행이에요. 저도 줄곧 여행 가고 싶다고 생각 중인데 '내가 지금 떠날 상황이 되나.' 싶어서 생각만 하고 있거든요. 근데 지금 결심했어요. 다녀와야겠어요(웃음).
다녀오세요. 마음이 그렇다면 꼭 다녀오세요(웃음). 저도 여행 당일 아침에 비행기 타러 가면서도 '내가 지금 뭐 하는 거지. 앨범 낸다고 돈도 다 썼는데 무슨 여행이지?' 싶었는데 안 갔다면… 지금도 쉬었다는 느낌을 제대로 못 받고 있을지도 몰라요.

적절한 타이밍에 쉬어주는 건 꼭 필요한 일 같아요. 진희 씨에게 휴식이 절실했던 순간도 있죠. 큰 병일지도 몰라서 수술한 적이 있다고 들었어요.
몸이 좀 안 좋아서 병원에 갔는데 의사 선생님이 악성일 확률이 높다고 하시더라고요. 바로 대학병원으로 전원해 줘서 검사를 받았는데 심상치 않다는 거예요. 이 분야에서 가장 잘한다는 선생님을 찾아갔는데, 공격적으로 진료 보시고 빨리 수술해야 한다고 하니까 덜컥 겁이 났어요. 얼른 적출해서 검사해봐야 한다고 해서 수술 날짜를 잡았는데 그때가 [Breathing] 녹음 사흘 전이었거든요. 정말 하기 싫었어요. 내가 큰 병일 수도 있는데, 이렇게 무섭고 힘든데, 녹음을 해야 하나, 싶은 생각이 들었죠. 연습도 안 하고 누워서 울기만 했어요. 근데 취소할 수는 없으니까 겨우 일어나서 퉁퉁 부은 눈으로 녹음실에 갔는데요. 다들 녹음 결과물이 너무 좋다는 거예요. 평소에 엄청 준비하고 연습해서 녹음한 것보다 더 좋다는 반응이었죠. 저는 모든 걸 체념하고 연주한 건데. 그래서 그럼 그냥 내자고 했어요. 그러고 발매 준비를 하는데 다행히 제 몸도 괜찮다는 소식을 들었어요. 조금만 늦게 검진 받았어도 큰 병이 될 수 있는 상황이었죠. 괜찮다는

소식을 듣기까지 두 달 동안 정말… 천국과 지옥을 오갔어요.

마음고생 심했겠어요. 건강에 이상 신호가 생기면 그제서야 '좀더 몸을 아낄걸.' 하고 생각하게 되죠.
맞아요. 근데 쉬고 싶어도 맘대로 되지 않잖아요. 물리적인 시간도 그렇고, 아무리 자고 싶어도 악몽이 계속되면 잘 수 없는 것처럼 어쩔 수 없는 상황도 있고요. 그래서 마음을 단련하는 것도 중요한 것 같아요. 만일 정말 안 좋은 일이 생기더라도 정신과 마음이 조금이라도 씩씩한 게 나으니까요. 아무리 운동을 많이 하고 좋은 걸 먹어도 찾아올 것들은 찾아온다고 생각해요. 그럴 때 어떻게 해야 할까, 요새는 그런 고민도 많이 해요.

앞서 이야기한 생과 사 화두의 연장이로군요. 답이 나왔어요? 어떻게 살면 좋을까요?
결국에는 체력이겠죠. 기본 체력을 쌓아놓는 게 중요해요. 큰 병일지도 모른다는 얘기를 들었을 땐 미친 사람처럼 슬퍼하고 불안해했거든요. 근데, 피한다고 해서 피할 수 있는 일이 아니라고 생각해요. 우리는 모두 언젠가는 쇠약해지거나 병에 걸릴 수 있어요. 큰일을 크게 생각하지 않으려는 습관을 들이려고 해요. 사소한 이야기라고 여기려 노력하다 보면 그래도 조금은 힘이 되지 않을까 싶은 거죠.

진희 씨가 힘을 받는 존재 중 하나가 동료 뮤지션 같아요. 각별히 생각한다는 인상을 자주 받았어요.
저는 뭐든 혼자서는 할 수가 없는 사람이에요. 감사하게도 제가 좋아하는 뮤지션들이 친구가 되어주었고, 그게 너무 큰 힘이 돼요. 객관적인 감각과 시선으로 저를 바라봐 주는 게 좋아요. 그런 걸 나눠 받았을 때의 힘이 너무너무 크거든요. 함께 작업하는 스태프나 세션들, 저는 그 사람들이 아니면 안 된다고 생각해요. 이 사람들일 때 이런 음악이 나올 수 있는 거니까요. 그런 게 너무 소중해요.

최근에 용기가 되거나 힘을 받은 일이 있나요?
3집 만들면서 너무 많은 힘을 받아서 하나만 꼽기가 어려운데(웃음)… 음… 아! 이영훈 씨 이야기를 해볼게요. 저랑 영훈 씨 사이에 미묘한 문제가 생겨서 2년 정도 안 보고 지낸 시간이 있었어요. 다퉜다기보다는 오해가 커져서 '안 보고 살아야겠다.'고 서로 마음을 먹었던 건데요.

2년이나요? 너무 긴걸요.

맞아요. 그 긴 시간 꽤 힘들었어요. 영훈 씨도 그랬겠죠.
절친한 음악 친구였는데 한순간 안 보고 지내려니까
마음이 많이 힘들더라고요. 근데 시간이 지나서 다행히
사과하고, 화해하고, 오해도 풀었어요. 3집 만들 때도 정말
많은 도움을 받았죠. 영훈 씨는 계산이 없는 사람이에요.
그래서 뭔가를 재거나 따지지 않고, 소중하다고 느끼는
걸 더 소중하게 여겨주고 아낌없이 도와주는데요. 이번에
같이 작업하면서 '이런 사람이었지.' 하고 새롭게 느끼면서
정말 고마워지더라고요. 2년이란 시간이 부끄러워지기도
했고요. 큰 힘이 되었다는 이야기를 꼭 남기고 싶어요.

2년의 공백을 두고 다시 가까워지기란 정말 쉽지 않은
일이잖아요. 귀한 인연이네요. 이번 호 주제어에 어울리는
음악을 한 곡 추천받고 싶어요. 잠 그리고 쉼. 떠오르는
음악 있어요?

여행 갈 때, 혹은 밤에 혼자 무언가를 끼적일 때, 혹은
적막한 순간을 채우기 위해 틀어놓는 음악이 있는데요.
사카모토 류이치와 타에코 오누키의 [UTAU]예요.
라디오나 인터뷰에서 자주 이야기한 앨범인데, 수백 번을
들은 음악이라 이번에도 소개하고 싶어요. 이 앨범을
들으면 별다른 생각이 잘 안 끼어들어요. 음악적으로
훌륭해서일 수도 있지만, 왠지 모르게 코드가 어떻고,
연주가 어떻고… 하는 생각이 전혀 안 들더라고요.
이 앨범의 후일담을 들어보니 이들도 가장 자연스러운
상태, 자연스러운 이야기를 담으려고 많이 노력했대요.
그런 정성이 앨범에 고스란히 남아 있기 때문이 아닐까
싶어요. 피아노와 목소리만 있는 앨범인데 제가 일본어
노랫말이 있는 음악을 그렇게까지 좋아하지 않거든요.
근데도 이 앨범을 자꾸 듣게 되는 건 언어조차도 들리지
않고 너무너무 편안한 상태로 만들어 주기 때문이에요.
두 사람의 호흡만을 생각하게 되죠.

저도 오늘 밤에 들어봐야겠어요.

UTAU(歌う)가 일본어로 '노래하다', '지저귀다'라는
의미래요. 앨범명도 어쩜 이렇게 멋질까요.

마지막으로 앞으로 계획을 물어보려고 했는데, 더불어
어떻게 쉴 건지도 들어보고 싶어요.

3집 활동이 시작되면서 한 달 스케줄이 벌써 꽉 찼어요.
오늘 일정 표를 쫙 보는데 숨이 턱 막히더라고요.
행복한데… 미치겠는 거예요(웃음). 결국 제가 다 증명해
보여야 하는 일들이니까요. 얼마 전에 모모가 아팠어서
당분간은 모모랑 같이 있는 시간을 의무적으로 만들어
두려고 해요. 꽉 채워 무리하는 한이 있어도 일주일에

이틀은 온전히 모모와 보내려고요. 아무 생각도, 걱정도
없이 모모랑 둘이 편안하고 행복하게 지내는 시간을
만들어 두고 싶어요. 그게 저한텐 쉼이거든요.

진희 씨, 모모를 쓰다듬을 때 정말 편해 보여요. 그 모습
카메라에 담아도 돼요?

너무 좋죠.

[UTAU] 앨범이 재생되는 1시간 39분 동안 아무 생각하지
않고 귀를 기울였다. 스무 개 곡이 흐르고 나니 자연스레
전진희 1집 [피아노와 목소리]가 떠오른다. 아름다운
소리를 잇따라 들으며 잠깐 눈을 감는다. 고운 음악 사이를
마음껏 부유하는 게 얼마나 귀한지 생각하면서 까무룩
잠이…

Time For The Night
이 밤의 끝을 잡고

정인성—책바

에디터 이명주
포토그래퍼 강현욱

많은 이야기가 필요하지 않은 밤이 있다. 술을 콸콸 부으며 마음속에 담은 이야기를 전부 꺼내어 두기보다, 누군가가 정성스레 만들어준 칵테일 한 잔 앞에 두고 문장을 삼키고 싶은 밤이 분명 있다. 책과 술을 동료 삼아 홀로 마음을 희석해 보는 날에 사람들은 책바를 찾는다. 8년째 책바를 운영해 온 정인성은 자신에게 집중하는 밤으로 우리를 안내한다. 이런 밤이라면 그 끝을 놓기가 어려울 것 같다.

저는 복 받은 사람이에요. 침대에 누워서 눈을 감으면 5분 이내에 잠들거든요.
밤에 일하다 보니 새벽에 자고 일찍 일어났다가,
때때로 낮잠을 자는 식으로 생활 패턴을 유지해요.

오후 4시네요. 책바에게는 아직 이른 시간이죠. 요즘 어떻게 지내셨어요?

7월에 망원으로 책바를 이전하고 나서 이제야 정신을 좀 차렸어요. 한동안 여러 브랜드와 협업하느라 조금 바쁘게 지내기도 했고요. 곧 가을이잖아요. 손님들에게 내어줄 가을 메뉴도 고민하면서 지냈어요.

바쁘셨겠어요. 망원동과는 많이 친해졌나요?

이 근처에 살아서 마포구 권역을 원래부터 친근하게 생각했어요. 연희동에서 책바를 오래 운영하다 보니까 변화를 꾀하고 싶더라고요. 공간을 넓혀보되, 동네 주민과 외지인이 편하게 올 만한 곳으로요. 광화문을 비롯해서 동네를 여기저기 둘러보고 다녔는데, 여기가 가장 마음에 들었어요.

연희동 주민분들은 아쉬워하셨겠어요(웃음).

자리 잡은 곳에서 왜 떠나냐며 궁금해하셨죠. 반대로 그곳에서 가게를 오래 운영하셨거나 그 동네를 잘 아시는 분들은 연희동의 장점과 아쉬운 점에 공감해 주시다 보니, 새롭게 도전하는 것도 좋을 것 같다면서 응원해 주셨어요. 아까도 잠시 연희동에 다녀왔는데 옛날 생각이 나가지고(웃음)….

머물던 시간이 기니까요. 새로운 공간인 망원 책바만의 특징이 궁금해요.

처음에 책바는 사색과 몰입의 시간을 제공하기 위해 만든 거예요. 우리 주변에는 맘껏 대화 나눌 장소가 참 많잖아요. 여기서만이라도 좋아하는 술 마시면서 나만의 고요한 시간을 즐기시길 바랐어요. 연희동이 '시즌1'이라면 망원은 '시즌2'라서 좀더 넓은 방향성의 공간으로 꾸리는 걸 중요하게 생각했어요. 연희동에서는 굉장히 작았던 터라, 지금 저희가 이렇게 대화를 나누는 것도 모두 들을 수 있었죠. 주변 사람 기척이 신경 쓰이면 몰입하기 어렵잖아요. 그래서 대화를 하지 못하게 했고, 그렇기 때문에 더 사랑받은 것 같아요. 하지만 가끔은 지금 읽은 문장과 감상에 대해 나누고 싶을 테고, 저도 오시는

분들과 대화하고 싶은 갈증이 생기더라고요. 공간을 두 배 이상 넓혀서 행위의 자유도를 높인 게 가장 큰 특징이에요.

그러면 이제는 대화가 가능해진 거예요?

바 테이블이나 홀에서는 가벼운 대화가 가능해요. 소통의 성격이 커지다 보니, 여기서는 작가님을 모셔 하이볼이나 위스키를 마시면서 내밀한 시간을 나누는 프로그램을 진행해 보고 싶어요. 홀 너머 안쪽 공간은 이전처럼 조용히 독서하는 곳이에요. 좀더 고요한 분위기를 원하시는 분께는 '몰입의 방'을 추천하는데요. 문이 책장으로 되어있는데 옆에 달린 버튼을 누르면 책장이 옆으로 밀려나면서 안쪽 공간이 보여요. 훨씬 아늑하고 집중되는 분위기죠.

많은 고민과 배려가 와닿아요. 책바의 역사가 《밤에 일하고 낮에 쉽니다》에 남아 있죠. 그 책은 어떤 계기로 썼어요?

책바는 롤 모델이 없어요. 책바가 오픈했던 2015년에는 책과 술의 조합은 물론이고 혼자서 술 마시는 행동을 낯설게 봤거든요. 저처럼 '혼술'하는 사람, 책과 술을 함께 즐기는 걸 좋아하는 사람을 위해 책바를 만든 건데, 비아냥거리는 분들도 있었어요. 어떤 사람은 차와 독서가 어울린다고 생각하듯이, 술과 독서도 어울린다고 생각해준 분들 덕에 지금까지 운영될 수 있었죠. 롤 모델이 없는 일을 시작하려는 누군가 작은 도움이라도 얻길 바라면서 사업 구상과 준비, 실행, 운영까지 담은 책을 쓰게 됐어요.

이제는 독서와 술이 어울린다는 걸 책바에서 알게 된 분들도 많죠.

그 과정이 쉽지는 않았지만 책과 술의 문화가 자리 잡은 데는 책바가 한몫했다고 생각해요. 한편으로 이제는 롤 모델이 없는 업을 적극적으로 선택하는 시대가 온 것 같아요. 모두가 낮에 일했다면 요즘은 저처럼 밤에 일하기도 하고, 자신만의 매력과 취향으로 새롭게 시도해 보는 거죠. 꽤 오래된 책인데, 다른 개척자의 시선은 어땠을까 궁금해하는 분들이 감사하게도 꾸준히 읽어주세요.

책에 재미있는 이야기가 많았어요. 서점을 알아보기
위해 일본으로 떠나고, 위스키가 궁금해서 스코틀랜드에도
다녀왔죠. 실행력이 엄청난 분이라고 생각했어요(웃음).
그런가요(웃음)? 두 나라 모두 책바를 구상할 때 다녀온
건데, 일본은 주제와 판형이 다양한 잡지가 출간되고
서점도 많아요. 땅덩어리가 크다 보니 다채로운
자연환경에서 비롯된 술도 많고요. 서양 문물을 일찍
접해서 위스키를 오래전부터 만들었다고 하더라고요.
그런 것들이 결합된 덕분인지 술집에 가면 구석에서
책 읽는 사람들이 한두 명씩 있어요. 어디서든 좋아하는
술 한 잔을 앞에 두고 책을 읽는 분위기와 문화가
매력적이었죠. 그리고 스코틀랜드는 보다 현실적인
이유로 떠났는데요. 어떻게 하면 보통 술집들과

뿐이고, 우리는 언어 이상도 언어 이하도 아닌 세상에
살고 있다.
　　　　　　　　　　— 무라카미 하루키, 《위스키 성지 여행》 중에서

**거기가 아일러섬이었죠? 무라카미 하루키가 쓴 《위스키
성지 여행》의 배경이기도 하고요.**
맞아요. (휴대폰에서 지도 앱을 켠다.) 지도로 보면 좀더
이해하기 쉬운데, 영국 윗부분이 스코틀랜드인데,
그중에서 아일러섬은 여기에 있어요. 우리나라로 치면
강화도 정도라고 할까요? 제주도의 3분의 1 크기인데
인구는 3천 명 정도 밖에 안 된다고 해요. 사람들 대부분이
관광업과 위스키 제조업에 종사하고 있고요. 가는 방법이

비교해 경쟁력을 가질 수 있을까 고민했는데, 저는
회사원이었으니까 술에 대한 경력이 부족하잖아요.
지식이 부족하다면 경험으로 채워보자는 마음으로,
위스키의 고향인 스코틀랜드에 가서 증류소 여러 곳을
돌아다녔어요. 관찰하고 배우다 보면 다른 사람에게는
없는 경험을 가질 수 있을 테니까요.

만약 우리의 언어가 위스키라고 한다면, 이처럼 고생할
일은 없을 것이다. 나는 잠자코 술잔을 내밀고 당신은
그걸 받아서 조용히 목 안으로 흘려 넣기만 하면 된다.
너무도 심플하고, 너무도 친밀하고, 너무도 정확하다.
그러니 유감스럽게도 우리의 언어는 그저 언어인

많지 않아서 작은 비행기에 승객 서른 명 정도 태워
가는데, 날씨가 아무리 좋아도 기류 때문에 엄청 흔들려요.
무사히 랜딩하면 그제야 모두 박수를 쳐요(웃음). 《위스키
성지 여행》을 보면 하루키도 스코틀랜드와 아일랜드
증류소를 여러 곳 다니면서 이곳만의 음주 문화를 자신의
언어로 풀어냈어요.

하루키의 묘사를 직접 경험해 보니 어땠어요?
자전거로 이동하면서 증류소들을 둘러보는데, 바다 냄새와
오크통의 향이 섞이는 게 기분 좋았어요. 아일러섬의
위스키는 이탄을 태워서 몰트를 건조시키며 훈연되도록
만든 거예요. 이탄은 그 지역에서 난 식물들이 퇴적된
거니까 대서양이 싸 내는 바람과 빗물,

듣고 보니 이 책이 나중에는 자신을 위한 기록도 될 것 같아요.

맞아요. 어떤 이야기를 책으로 남기는 건 공식적인 기록이잖아요. 언젠가 제 아이가 생겼는데, "아빠는 왜 밤에 이런 일을 해?"라고 물어볼지도 몰라요. 아빠가 어떤 고민을 거쳐서 이런 길을 걸어왔다는 걸 보여줄 수 있다면 좋을 것 같아요. 글을 쓰면 금세 지나가 버린 시간과 생각을 정리하는 계기도 되고요. 그런 의미로 나중에 책을 몇 권 더 내고 싶어요.

책바를 운영한 지 벌써 8년째예요. 처음과 지금을 비교해 보면 달라진 점도 있어요?

음, 뭐가 변했을까요? (잠시 고민한다.) 근무 시간이 가장

아찔한 순간이네요. 그때 쉬는 날은 기분이 어땠어요? 어제도 일했고, 내일도 일해야 하는데….

재밌는 게 뭔지 아세요? 일주일 내내 하나도 안 힘들고 행복했어요. 좋아하는 일을 하니까 안 쉬고 덜 자도 괜찮은 것 같았어요. 물론 지속 가능한 방법이 아니었지만 그 시기가 있었기 때문에 책바가 자리 잡기도 했고요. 망원으로 이전하면서는 직원도 한 명 들어왔어요.

변하지 않는 걸 꼽아본다면 역시 분위기겠죠? 혼자라도 편하게 올 수 있는 분위기요.

네, 맞아요. 와주시는 분들을 생각해 보면 꼭 책만 읽지는 않으세요. 술 한 모금씩 마시면서 사색을 하거나 일기를 쓰기도 하고, 사무실에서는 도저히 안 풀리던 작업을 하는

크게 달라진 점 같네요. 책바 오픈하고 3년 정도는 주 6일 문을 열었어요. 혼자 일하는데 평일은 저녁 7시부터 새벽 1시 반까지, 금요일과 토요일은 새벽 3시까지 일했던 거죠. 하루 쉬는 일요일은 '트레바리'에서 3년 동안 클럽장을 맡아서 진행했고, 각종 강연이나 클래스 기획이 들어오면 전부 참여했어요. 말 그대로 안 쉰 거예요. 그런데 어느 토요일인가, 새벽 4시에 퇴근해서 텅 빈 도로를 운전하는데 저도 모르게 졸음이 밀려와서 큰 사고가 날 뻔했어요. 순간, '이렇게 열심히 살다가 죽으면 무슨 소용이지?'라는 생각이 들더라고요. 나를 위한 생활 패턴을 찾아야겠다고 생각해서 근무 시간을 줄였어요.

분들도 있어요. 마감을 치르는 중인 에디터나 작가들도 오니까요. 저는 술이 사람을 자신의 시간에 몰입하게 만드는 매개체라고 생각해요. 여기 오시는 건 만취하고 싶다기보다 같은 술이라도 누군가가 정성 들여 만들어준, 맛있는 술을 즐기러 오시는 거죠. 그러니까 혼자라도 문제없고요. 혼자 오시는 손님들은 바 테이블을 자주 이용하세요.

인성 씨는 혼술을 즐긴다고 알고 있어요.

저는 혼술이라는 문화가 정착되기 전부터 혼자 술 마시는 걸 좋아했던 것 같아요. 거기에도 레벨이 있던데, 에디터님은 해보신 적 있어요?

음, 집에서 맥주 마시는 정도예요.
그럼 레벨 제로예요. 아니 마이너스 1. 집 안에서 마시는
건 명함도 못 내밀어요.

**밖에서 마시는 게 아니라고 마이너스까지 떨어지는
거예요? 너무하네요.(웃음).**
어쩔 수 없어요(웃음). 적어도 편의점, 순댓국밥집에서
마셔야 혼술이죠. 저는 단체 손님으로 가득한
삼겹살집에서 혼자 마신 적도 있어요. 사람들과 모여
왁자지껄하게 마시는 걸 피하는 건 아니지만, 그보다
독립적인 공간에서 내 페이스대로 술을 즐기는 매력이
있어요. 책바를 운영하면서 저랑 비슷한 사람들을 자주
만나게 돼요.

**혼자만의 시간에 몰입하고 싶은 사람들이 늘었다는
의미도 되겠네요. 기억에 남는 손님들이 있어요?**
사실 정말 많아요. 모두 말할 수는 없으니 최근을 위주로
기억을 더듬어 볼게요. 책바에는 남성분들도 오시긴
하지만 여성분들이 많은 편이에요. 하루는 근육이
우람한 남성분이 오셨더라고요. 그런 분들이 자주 찾진
않으셔서 뭔가 더 눈길이 갔어요. 그런데 그분이 다음번에
또 찾아와 주신 거예요. 마감 시간이 다 되어 갈 때쯤
그분만 남아 계셨는데, 제가 너무 궁금해서 슬쩍 말을
걸어봤어요. "오늘도 오셨네요. 감사합니다. 근데 무슨 일
하세요?"라고요.

정말 궁금했나 봐요.
저도 운동을 꾸준히 하는데 몸이 좋으시니까 너무
궁금하더라고요. 알고 보니까 트레이너를 하신대요.
그렇게 이야기를 나누는데 그분이 이런 말씀을
하시더라고요. 트레이너라는 직업은 자신이 아니라 남을
위한 직업이라, 쉬는 날 없이 일주일 내내 타인을 위해서
시간을 쏟는대요. 그래서 퇴근하고 이곳에서 보내는
시간이 유일하게 자기를 위한 때라고요. 읽고 싶은 책을
보고 술 한잔하는 시간이 너무나도 행복하다고 하시는데,
기쁘고 감사했어요.

**예상치 못한 선물을 받은 기분일 것 같아요. 손님을 대할
때 중요하게 생각하는 부분이 있어요?**
'바텐더의 불문율'이라는 말이 있는데, 술을 만드는
사람은 손님의 내밀한 이야기를 다른 이에게 함구한다는
매너예요. 그런 건 아주 당연하고, 일하면서 손님들
이야기를 엿듣는 경우는 일절 없어요. 자연스레 들려도
흘려버리려고 해요. 제가 조금이라도 신경 쓰이면
우선 부족에게 튀김튀김 공간이 되어주질 못하니까요.

단골손님께도 오시면 안부 묻는 정도, 그 이상의 특별함은
누군가에게 소외당하는 느낌을 줄지도 몰라요.

**이번 호에서는 잠에 대한 이야기를 모아보는데요. 저는
'잠' 하면 책과 술이 떠오르더라고요. 책을 봐도 잠이
오고, 술을 마셔도 잠이 오니까요(웃음). 그 두 가지가 전부
책바에 있어요. 인성 씨는 책과 술이 잠과 이어지나요?**
사실 저는 복 받은 사람이에요. 침대에 누워서 눈을 감으면
5분 이내에 잠들거든요. 밤에 일하다 보니 새벽에 자고
일찍 일어났다가, 때때로 낮잠을 자는 식으로 생활 패턴을
유지해요. 근데 낮잠을 꼭 자야 하는데 잠이 안 오면 책을
꺼내 들어요. 읽어도 도무지 의미가 머릿속으로 들어오지
않는 책 있잖아요. 읽은 문장을 계속 보게 만드는 책들.
그런 걸 읽으면서 잠을 청하기도 해요. 하지만 책과 술을
함께 즐기는 건 저한테 잠을 자기 위함은 아닌 것 같아요.
술도 기분 좋은 정도로만 마시거든요.

요즘에도 책과 술을 함께 즐기곤 하세요?
손님에게 그런 시간을 제공하는 역할이지만,
일하면서부터는 자주 그러진 못해요. 손님이 드문 날에
하거나 오늘처럼 쉬는 날에 가끔 책 한 권 들고 나서서
밥 먹고 근처 술집에 가는 정도죠. 오늘 들고 온 책은
알베르 카뮈의 《이방인》이에요. 좋아하는 작가인 무라카미
하루키의 《도시와 그 불확실한 벽》이 곧 나온다고 해서,
그걸 보기 전에 가볍게 읽으려고 골랐어요. 직업병 중
하나인데, 관심 있는 작가의 신작이 나오면 빠르게 읽어야
해요. 그 안에 어떤 술이 등장하는지 찾아내고 메뉴나
콘텐츠로 만들어서 알려야 하거든요.

**그러고 보니 책바의 메뉴가 특별하죠. 술 카테고리를 책
장르로 나눴어요.**
술이 가진 도수라는 특징을 바탕으로 어떤 장르와 잘
어울릴지 고민해 본 결과예요. 알코올 도수가 높은
칵테일은 짧은 글 한 편 읽을 만하니 시, 도수가 적당한
술은 가벼운 책 한 권도 무리 없으니 에세이, 도수가 낮은
술은 소설 그리고 책바만의 칵테일은 독립출판이라고
붙여뒀어요. 이외에 논알코올 메뉴는 만화, 봄과 여름에
어울리는 칵테일은 계간지라고 부르고요. 아, 곁들일
만한 안주는 별책부록이라고 해뒀네요. 메뉴판에 없는
칵테일이라도 만들어드릴 수 있으니 편히 물어보셔도
좋아요.

**이곳의 매력이자 유머네요. 위스키와 칵테일 종류가
많은 것 같은데, 인성 씨의 취향 때문인가요?**
그런가 봐요. 어림잡아 위스키는 백 가지 넘게 있는 것

같아요. 시간이 지나도 맛이 변하지 않는다는 장점이 있어서
어떤 행위에 몰두할 때 곁들이기에 알맞거든요. 그리고
칵테일은 참 재미있는 술이에요. 손맛이라고들 하는데, 같은
재료를 같은 비율로 넣어도 누가 만드느냐에 따라 맛이
달라요. 진토닉이라고 하더라도 어떤 진을 쓰는지 가니쉬로
레몬, 라임, 다양한 허브 중에 무엇을 넣는지에 따라 수백
가지 레시피가 있으니까요. 또 칵테일은 다양한 맛과
도수를 만들어낼 수 있어서, 취향껏 즐기기 좋은 술 같아요.
문학 속에도 칵테일이 소재로 등장하는 경우가 많더라고요.

**메뉴에서 또 하나 빠질 수 없는 게 '책 속의
그 술'이에요. 하루키의 신작을 빠르게 읽으려는 이유도
이것 때문이잖아요.**

"하지만 언제나 이걸 못 잊을 거예요."
"좋지. 그럼 당신은 낭만주의자가 되는 거야.
칼바도스ㅡ낭만주의자."

— 에리히 마리아 레마르크, 《개선문》중에서

**술 이야기를 나누니 알딸딸해지는 기분이네요. 가을밤과
어울릴 만한 걸 추천해 주실래요?**

좋아요. 가장 먼저 떠오르는 건 '칼바도스'예요. 사과로
만든 브랜디인데요. 한번 꺼내볼 테니 향을 맡아보실래요?

(잠시 향을 맡아본다.) 굉장히 진한데 달콤해요.

그렇죠? 여름에서 가을로 넘어가는 간절기부터 잘

사람마다 소설 읽는 법이 다양하죠. 누구는 주인공
처지에서 공감해 보고, 누구는 책에 나온 장소를 직접
가보기도 하고요. 저는 주인공이 먹고 마시는 음식과 술이
그렇게 궁금하더라고요(웃음). 이따가 《이방인》을 읽을
건데 알베르 카뮈가 압생트를 무척 좋아했고 어머니가
돌아가신 걸로 이야기가 시작되니, 술이 등장할지도
모르죠. 이렇게 책을 읽다가 술을 발견하면 다 기록해
두고, 인스타그램에서 손님들 제보도 받아요.

"당신은 지금 위험한 짓을 하는 거예요. 이런
칼바도스를 마시고 나면, 다른 건 안 마시고 싶어질
기예요."

어울려요. 쌀쌀해질수록 과일의 단 향이 세지는 느낌도
들고요. 칼바도스가 《개선문》이라는 고전 소설에서
사랑을 의미하는 술로 등장해요. 사람들은 가을에 사랑을
찾으니까 단번에 이게 떠올랐어요. 주의할 점은 증류주라
도수가 높아요. 낮은 도수의 술은 나중에 책바로 오시면
추천 해드릴게요.

**꼭 한번 들를게요. 책바에서 열리는 글과 관련된
이벤트들이 흥미롭던데요.**

먼저 '빌보드 차트'는 주제를 하나 정해서 각자의 생각을
글로 표현해 보는 주기적인 이벤트예요. 우리가 아는
예술가들은 술의 힘을 빌려서 창작의 기운을 높이고

기분과 감성이 고양되면 침잠하던 생각을 꺼낼 수 있지
않을까 싶었죠. 내밀한 표현을 펼쳐 보일 수 있는 하나의
광장을 만든 거예요. 손바닥만 한 포스트잇에 문장을 쓴 뒤
붙여두시면 당선된 분들에게 술 한 잔을 선물로 드려요.

**'연희동', '사진을 보다가', '봄', '새로운 시작' 등 주제가
다채롭던데요?**
사람들의 다양한 표현을 끌어내줄 수 있는 주제로 선택해요.
80회가 다 되어가다 보니 제 마음속에 있던 주제들이 슬슬
고갈되는데요(웃음). 그럴 땐 손님들에게 어떤 주제를 하면
좋을지 물어보기도 해요. 77회 주제가 '초심'이었거든요.
망원동으로 이사 오고 난 후 첫 주제였는데, 단골손님께서
추천해 주셨어요. 마음에 쏙 들었죠.

에세이와 소설로 나눠서 전부 무기명으로 받아요.
수상작과 관련해서 특별한 일이 있었는데요. 한 글쓴이가
에세이와 소설에 모두 당선된 거예요. 심사를 보던 저와
문학 관련 지인들이 글의 뒤앙스가 비슷하다는 걸 느끼긴
했지만, 그 이유만으로 어느 하나를 떨어뜨리기가 참
아쉬웠어요. 알고 보니 한 분이 맞았고 지금 그분은 독립
출판계에서 열심히 활동하고 계세요.

**여기에도 판매용부터 비치용까지 책이 무척 많은데요.
기준이 궁금해요.**
아무래도 문학과 관련된 책이 많아요. 은유가 겹겹이
더해진 시, 누군가의 내밀한 감정 묘사를 살필 수 있는
소설과 에세이가 술과 어울리는 것 같아요. 건축, 예술

**빌보드 차트에서 나아간 게《우리가 술을 마시며 쓴
글》이라는 책이에요.**
맞아요. 당선작이 차곡차곡 쌓이는데 생각보다 인상 깊은
글이 많았고 오시는 분들 간의 연결도 되면서 반응도 좋다
보니까 그냥 지나가기 아쉬웠어요. 아카이빙의 의미로
1년마다 책으로 묶어보기로 했죠. 여기서 더 나아가게 된
게 '책바 문학상'인데요. 손님들이 글을 무척 잘 쓰시니까
상을 만들어 보자 싶더라고요. 명예가 무거운 기존
문학상들과 달리 부상으로 싱글몰트 위스키나 돔페리뇽
같은 샴페인 한 병 드리는 우리만의 문학상이요.

**글을 쓰고 술을 선물하는 건 책바만이 할 수 있는 거네요.
문학상에는 어떤 장르들이 투고되는 기예요?**

분야의 책들은 사람의 머리보다 마음을 자극하기도
하고요. 잡지도 있어요.

**인성 씨가 좋아하는 장르나 작가가 있는지 궁금해져요.
앞서 하루키가 자주 등장하기도 했죠(웃음).**
맞아요. 다만 저는 장르나 국가에 국한하지 않고,
세 가지 기준에 맞는 책을 좋아해요. 첫째는 편견을
깨주고 시야를 열어주는 책이에요. 둘째는 문장만으로도
황홀해지는 기분이 드는 책이고요. 셋째는 책 속 세상으로
끊임없이 몰입하게 만드는 거예요. 이 기준들을 전부
만족시킨 작가는 아직까지 모르겠지만 무라카미 하루키,
김연수, 장강명 작가를 좋아해요. 어릴 때는 알랭 드 보통의
글을 자주 읽었고요.

근래에 읽은 책들 중 마음에 들었던 걸 꼽아본다면요?
사실 이런 질문은 너무 잔인해요(웃음). 좋아하는 책이
많을뿐더러 읽은 책이 저를 설명하거나 규정하는 것 같아
조심스럽기도 하거든요. 음, 그래도 하나 떠올려 보자면
김민식의 《나무의 시간》이에요. 김민식 대표님은 목공소를
운영하시는 나무 전문가세요. 나무 하나에 얽힌 역사부터
인문, 예술을 아울러 꼼꼼히 살펴보는데, 제가 죽기 전에
단 한 권의 책을 써야 한다면 이런 책을 쓰고 싶을 정도로
인상 깊게 읽었어요.

**지금까지 들어보면 인성 씨의 일상이 책바와 아주 가까이
붙어 있는 것 같아요. 일과가 어떤가요?**
되도록 규칙적으로 생활하는 편인데요. 마감 후에 새벽
2시에 퇴근하면 잠은 3시 전에 자요. 일어나는 건 9시에서
10시 사이고요. 늦게 자니까 늦게 일어나지 않을까
하는 분들도 계시는데 그렇게 오래 자진 않아요. 아침
먹은 뒤엔 일주일에 세 번 요가를 하고, 점심 먹고 나선
졸리니까 낮잠을 30분 정도 자요. 그때부터는 말씀처럼
책바와 관련된 일을 처리하죠. 특별히 할 일이 없으면
보고 싶었던 전시를 보거나 책을 읽어요. 출근은 6시
정도고요.

**낮잠을 딱 30분만 주무시는 거예요? 저는 두세 시간 잘
때도 있거든요.**
사람마다 체질이 다르듯이 수면 패턴도 다른 것 같아요.
저는 오래 잘수록 오히려 개운하지 않고 몸이 무거워서
낮잠은 가볍게 자요. 대신 밤잠은 어떻게든 여섯 시간 이상
자려고 하죠. 이외에는 하루 세끼를 꼭 챙겨 먹으려고
노력하는데요. 식사에도 밥처럼 탄수화물이 필수인
사람이에요. 아침은 그릭 요거트에 그레놀라와 과일을
넣고 올리브 오일을 둘러서 먹고요.

**잠과 식사, 운동까지 일상을 유지하는 규칙이 뚜렷한
분이네요.**
생각해 보면 회사 다닐 때도 그랬더라고요. 그때는 새벽형
인간이었는데, 출근이 9시까지라면 암묵적으로 다들
8시까지 와야 하는 분위기였어요. 주 52시간 근무 같은
규정도 없던 때라 일을 많이 했고, 저녁에는 술을 좋아하는
상사 때문에 회식이 자주 있었거든요. 근데 저는 일주일에
세 번은 꼭 운동을 해야 하는데, 갑작스레 잡히는 회식으로
저녁에 운동을 가지 못하는 날이 많은 거예요. 결국 아침에
해야겠다고 마음먹고 5시 반에 일어나서 7시에 회사에
도착하고, 8시까지 운동한 후에 샤워하고 아침까지 먹고
일했어요. 지금은 또 완전히 다른 생활 패턴이지만 무리
없이 잘 적응한 건 비면, 일상에서 균형을 찾고 지키는

걸 좋아하는 사람인가 봐요. 그래야 컨디션이나 기분이
뾰족해지지 않고 유지되고요.

그럼 휴식 시간에는 뭘 하세요?
일주일에 하루 정도는 절대 일하지 않고 쉬려고 노력하는
데 잘 지켜지진 않아요. 자꾸 뇌를 쓰게 되더라고요(웃음).
보통 일할 땐 스트레스 받는다고들 하잖아요. 저한테는
그게 하기 싫어서 화가 나는 게 아니라, 가진 능력치
이상의 임무여서 노력을 해서라도 해내고 싶다는 의미인
것 같아요. 일을 하며 스트레스를 성취감으로 바꾸고
나만이 해낼 수 있는 걸 발견하는 게 뿌듯해요.

**조금 늦은 시간에 하루를 마무리하는 인성 씨가 하루 중
가장 즐거운 시간은 언제예요?**
요즘 가장 즐거울 땐 자전거를 타는 퇴근길이요. 올해
여름이 너무 더웠잖아요. 난 이렇게 더위를 잘 타는
사람이었구나 깨달았거든요. 날 좋은 봄이랑 가을에는
보통 자전거로 출퇴근 하는데요. 이제 다시 자전거를 타고
다닐 만한 날이 슬금슬금 오더라고요. 새벽 2시쯤 기온이
20도 정도 되는데, 그 온도가 사람이 가장 행복한 기온
같아요. 바람도 선선하고 끈적이지도 않고 고요한 거리를
그저 달리면 되는 때.

**이제 긴 대화의 마지막 질문을 건넬게요. 오늘은 자기 전
어떤 생각을 할까요?**
오늘도 수고 많았다. 졸립다, 자자!

인터뷰를 마친 뒤 주인장은 작고 동그란 잔에 포트와인을
내어줬다. 향과 맛을 차분히 설명하는 주인장과 재촉
없이 온화한 얼굴을 띤 이 공간이 무척 닮았다고, 와인을
야금야금 마시며 생각했다. 마감을 마친 에디터들이
고된 얼굴로 찾아온다던데, 이번에는 나도 슬쩍 끼어들고
싶어진다. 어디서 왔고 어떤 이름을 가진지도 모르는
사람들이 술과 책을 앞에 두고 똑같이 행복해하는 이곳.
그날에 대한 부푼 기대감 때문인지, 몇 모금의 와인
더분인지 오늘 하루 잠이 잘 올 것만 같은 예감이다.

Just, Sockstaz
자그마한 가치 한 켤레

성태민—삭스타즈

에디터 이주연
포토그래퍼 Hae Ran

대화할 때 그는 자주 이렇게 말문을 텄다. "이건 성향 차이일 텐데요.",
"저의 경우에는", "다르게 생각하는 분도 있겠지만"…. 결코 쉽게 단정 짓지
않고, 무른 울타리로 둘러싸인 삭스타즈 대표 성태민은 언제든 허물어질
준비가, 변화할 채비가 되어 있다. 나는 그의 단단하고 느슨한 말들이 좋았다.
또렷하게 나의 지금을 말하면서도 틀렸을 땐 언제라도 새로워질 준비가 되어
있는 그런 말들을. '지금의 나'와 '내가 원하는 나' 사이를 유영하는 그와
이야기 주고받으며 내 마음도 유유히 좋은 쪽으로 흘러가는 것을 알았다.

악보에 쉼표가 존재하는 건 그 앞에 음표가 있었다는 의미예요.
음표와 쉼표처럼, 빛과 그림자처럼 일과 쉼은 반드시 동반되는 이야기라고
생각해요. 큰 일에는 큰 쉼이 필요하다고 보는 거죠.

(강아지가 올라타서 얼굴을 핥는다.) 반가워(웃음)! 이 친구가 '사월이'군요. 정말 사람을 좋아하네요.
아유, 너무 좋아해서 문제예요. 하도 이래서 와이프가 오늘 데리고 출근하느냐 물어봤는데…. 사월! 그만, 왜 이렇게 신났어. 이러다 곧 지칠 텐데 오늘은 유독 에너지가 좋아 보이네요. 어릴 땐 더 심했는데 일곱 살이 되어도 얌전해지진 않는 것 같아요(웃음). 사월이는 파주로 이사 오면서 함께 살게 된 아이예요. 마침 동생이 수의사여서 입양 전에 이것저것 조언을 구할 수 있었는데요, 사월이 데려올 당시엔 아이를 계획할 때여서 만나자마자 점프하거나 올라타는 강아지는 피하는 게 좋겠다는 이야길 들었어요. 또, 쓰다듬었을 때 털이 너무 많이 빠지면 관리가 어렵다는 조언도 들었고요. 근데 사월이가 여기에 다 해당하는 거예요(웃음). 하지만 얘 표정을 보고는 데려오지 않을 수 없었어요. 표정이 정말 좋잖아요. 4개월 때 데려왔는데 그땐 지금보다 더 초롱초롱했어요.

모든 동물이 그렇지만 사월이는 표정이 특히 순하고 맑아요. 긴 시간 식구로 지냈는데 건강은 어때요?
얼마 전에 허리를 삐끗해서 놀란 적이 있지만요. 갑자기 움직이지도 못하고 바들바들 떨어서 가슴이 철렁했어요. 아무리 못 해도 허리가 부러졌겠구나 싶어서 저녁 늦게 24시 동물병원에 급하게 찾아갔거든요. 엑스레이도 찍어보고 2차 병원에 진료예약을 잡아서 이것저것 검사도 했는데 허리를 삐끗해서 통증에 놀란 거지 큰 문제는 없다는 이야기를 들었어요.

정말 놀랐겠어요. 많이 다치지 않아 다행이에요. 사월이 정말 똑똑한 것 같아요. "앉아!" 하니까 앉고, "그만!" 하면 행동을 멈추네요.
"예뻐.", "귀여워." 같은 말도 다 알아들어요. 가르쳐 준 적이 없는데도 "하우스." 하면 자기 집에 가고, "돌아!" 그러면 뱅글뱅글 돌더라고요. 너무 똑똑해서 가끔은 얄미워요(웃음). 서랍이나 선반도 알아서 열고 그러거든요. 보시면 저희 집에 서랍이나 붙박이장에 손잡이가 하나도 없어요. 사월이가 있기도 하고, 너무 오래된 아파트이기도

해서 인테리어를 싹 바꾸었어요. 와이프가 여백을 좋아해서 군더더기 장식들을 없애고 벽도 허물어서 탁 트이게 만들었죠.

그래서 이렇게 집이 깔끔해 보이는군요. 시야가 확 트이는 기분이에요.
이전 집이 워낙 폐쇄적이어서 이번 집에서는 꼭 개방감을 주고 싶었어요. 오래된 아파트라 대대적으로 고치고 들어왔어요. 사실 집에서 인터뷰하기는 처음이라 조심스러워요. 제안이 와도 거절했고, 한 번도 공개한 적이 없거든요. 손님은커녕 이 집에 온 친구도 몇 안 돼요.

영광이에요. 누군가의 집에 초대받을 때만 느낄 수 있는 설렘이 있잖아요. 아, 이번에 〈양파인〉 정말 재미있게 들었어요. 삭스타즈에서 팟캐스트를 시작하다니!
전부터 해보고 싶은 일이었어요. 잘할 수 있을진 모르겠지만 기분은 좋아요. 이제 에피소드 하나 업로드한 상태지만요(웃음).

프로그램 마지막을 "오늘 무슨 양말 신었나요?"로 맺던데 저는 인트로로 여쭤볼게요. 오늘 어떤 양말 신으셨어요?
지금 신은 건 톰슨가젤이 담긴 양말이에요. 오늘 몇 켤레 갈아 신어 보려고 하는데, 이 양말은 밝은 양말도 실용성이 좋다는 걸 보여주고 싶어서 골랐어요. 전보다는 패션 양말이 남녀노소에게 두루 사랑받는 것 같지만, 아직도 남성분들은 밝은색 양말을 조금 부담스러워해요. 묵직한 하의로 눌러주면 밝은 양말도 편히 신을 수 있다는 걸 이야기하고 싶었어요. 정장에도 제법 잘 어울리고요.

잠잠한 매력도 있고, 귀여워요(웃음). 〈양파인〉 콘텐츠를 유튜브로도 고려했는데 '꾸준하게 할 수 있는지'를 생각하다 보니 팟캐스트가 맞겠다 싶었고요. 대표님이 13년간 삭스타즈를 통해 이야기해 온 많은 것에 '꾸준함'이란 가치가 눈에 띄어요.
거창하게 시작했다가 흐지부지되는 걸 못 삼는

성격이에요. 그런 상황이 닥쳤을 때 스트레스가 정말 심하거든요. 그래서 뭔가를 시작할 때 "나 이런 거 한다!" 하면서 일부러 주변에 알리려고 해요. 제가 워낙 싫증을 잘 내서 '난 이것도 분명히 싫증 낼 거야.'라는 생각을 의식적으로 하려고 하거든요. 그래서 뭐든 '꾸준히 할 수 있는가?'를 기준으로 삼게 되는 것 같아요.

정반대의 모습을 원하시는 거네요. 최근에 싫증 난 상황이나 물건 있으세요?
창문 닦는 로봇이요(웃음). 신기해서 샀는데 딱 한 번 하고 질려서 안 꺼내게 되더라고요. 동그랗게 생겼는데 벽에 딱 붙어서 유리를 닦으며 지나가요. 로봇 청소기처럼 돌아다니는 건데, 자주 쓰겠지 생각했지만 막상 사니까 잘 안 쓰게 되더라고요.

내 성향과 반대를 생각하며 일을 해나가는 데는 용기가 필요할 것 같아요. 지속성을 위해 팟캐스트에서도 '내가 무슨 말을 할까.'를 생각하기보다는 '무슨 말을 하지 말아야 하나.'를 생각했다고 하셨죠.
사람마다 다를 것 같지만, 저는 문제에 직면했을 때 소거하면서 해결하는 편이에요. 어떤 사람은 단번에 해답을 찾아내기도 하고, 목표를 향해 가면서 문제를 해결하기도 해요. 근데 저는 해야 할 것보다 하지 말아야 할 걸 고려하는 사람이더라고요. 제 방식이 정답은

아니지만 저한테는 잘 맞아요. 대체로 '하지 말아야 할 것'의 목록을 먼저 작성하고 그다음에 '해야 할 것'을 쓰거든요. 오답 노트로 공부하는 타입이죠(웃음). 어떤 분야에서 성공한 사람들의 책보다는 실패한 에피소드, 잘 안된 일들에 관심이 생기고 잘된 사람 이야기는 굳이 안 보려고 해요. '저 사람은 저렇게 성공했구나, 나도 힘내야지!'보다는 '저 사람은 저래서 망했구나, 조심해야지.'에 집중하는 거죠. 〈백종원의 골목식당〉 보면, 저 식당이 왜 망해가는지 전 국민이 아는데 본인만 모르잖아요. 그런 걸 보면서 저한테 실패에 대한 강한 거부 반응과 실패의 이유를 나만 모를 수 있다는 두려움이 있다는 걸 알게 됐어요.

실패가 성공의 어머니라고도 하는데 대표님께는 실패를 방지하는 게 실패나 성공보다도 우선인 것 같아요.
맞아요. 성공하고 싶은 욕구보다 실패하지 않겠다는 마음이 더 커요. 제가 실패를 두려워하는 건 큰 성공을 거둬서라기보다는 이 가정과 내 직원들을 지켜야 한다는 마음이 커서예요. 그래서 리스크 관리에 집중하게 되는데 그러다 보면 회사가 너무 효율적으로만 돌아가거든요. 효율적인 것도 중요하지만 효율 못지않게 효과적인 것도 중요하다고 생각해요. 그래서 더 효과적이면서도 효율적인 방법을 연구하다 보니 실패하지 않는 것을 우선으로 생각하게 돼요.

대표님이 이야기하는 실패는 단순히 매출이 안 나온다는 의미는 아닌 것 같아요.
놓지 않고 계속하면 무엇이든 사실 실패란 건 없어요. 돌아가는 과정만이 있을 뿐이죠. 저는 어릴 땐 목표지향적인 사람이었어요. 성공을 향한 갈망이 무척 커서 관련된 책이나 강연을 찾아보곤 했죠. 지켜야 하는 가족과 직원이 없을 때는 두려울 게 많지 않았어요. 하다가 잘 안되면 제 몸 하나만 책임지면 됐으니까요. 근데 이젠 그게 아니에요.

사람과 책임이 더 중요해진 거군요.
당연히 회사의 목적은 이윤 추구인데 요즘은 저를 포함한 구성원들의 즐거운 삶, 행복하고 즐거운 삶 없이 회사만 성장하는 건 아무 의미도 없다고 생각해요. 그리고 우리 손님들이 삭스타즈에서 소소한 기쁨을 얻어 가는 거, 그게 중요하다고 늘 생각하죠.

팟캐스트에서도 "직원들이 저녁 있는 삶을 지켰으면 좋겠다."고 했어요. 근데 정작 대표님은 삶 안에 일이 있고, 일 안에 삶이 있는 '워라일체'의 삶을 살고 있다고요.

그럼 쉼은 어디 위치하고 있어요?

쉼도 일에 속해 있죠. 일하다 잠시 중단하고 한숨
돌린다든지, 하늘을 본다든지, 바람 쐬러 나가 좋아하는
카페에서 커피를 산다든지, 정말 단순하게는 일하다
기지개 한 번 켜는 것도 저에겐 쉼이에요. 그 사이사이
빠르게 충전해 나가거든요. 저는 '지금부터 일하는 시간,
이제부턴 쉬는 시간.' 하고 이분법적으로 나누기가
어려워요. 일하면서 쉬고, 쉬면서 일하고… 그게 제 삶인
거죠. 부부가 같이 일하고 있어서 더 그럴 거예요. 어떻게
보면 사업 이야기도 부부의 일이고, 부부 일이 사업이기도
하거든요. 육아 이야기하다가 갑자기 다음 시즌 얘기하는
게 저희 대화 패턴이어서요. 그러다 강제로 반나절 정도
전원을 내리고 각자의 시간을 갖기도 하죠.

잘 자거나 잘 쉬고 나면 "아, 정말 푹 쉬었다!" 할 때가
있잖아요. 워라일체라면 그런 기분은 언제 느끼세요?

최근에 '취향전'이라는 마켓을 했는데 그때 정말 쉬는
느낌을 받았어요. 당일 매장을 지켜야 하는 직원을
제외하고 퇴사한 이전 직원부터 지금 직원까지 한자리에
모였거든요. 외부에서 마케팅하는 친구, 본사에서 운반
업무 하는 친구, 디지털 노마드로 일하는 친구 등 만날 일
없는 직원이 모두! 마켓이었는데 저희 부스엔 손님보다
직원이 더 많았던 것 같아요(웃음).

마음이 좋았을 것 같아요. 나와 연결된 사람들이 시절
불문하고 모인 거니까요. 앞서 실패와 약점을 소거하면서
일을 시작한다고 하셨는데요. 삭스타즈를 시작할 때도
실패한 사례를 먼저 살펴보셨다고 했어요. 그래도 가끔은
성공을 꿈꾸게 되지 않나요?

실패를 고려한다고 해서 미래를 부정적으로 생각하는
건 아니에요. 사실 저는 의심도 많고, 말하자면 부정적인
성격인데요. 하나씩 의심하고 소거한다고 해도 그 근본엔
잘될 거라는 기대와 긍정적인 마음이 있어요. 단지 머리를
쓰는 과정에서 냉정해지는 거예요.

나에 관해 곰곰 생각해야 알 수 있는 지점 같아요.
대표님이 자주 이야기하는 것 중 하나가 '나다움'인데요,
그게… 뭘까요? 어떻게 알아갈 수 있을까요?

나한테 솔직해지면 나를 이해할 수 있어요. 가끔 타인과
대화하다가 "사실 난 이런 사람이야."라거나 "내 성격이
이래."라는 이야기를 할 때가 있잖아요. 나를 이해하는
사람만이 그런 이야기를 할 수 있는 것 같아요. 나를
알게 되면 자기 자신을 이해하는 데도 한 발짝 다가갈
수 있고, 나를 변명하거나 합리화하는 데도 이용할 수
있거든요. 의식적으로 자신을 알아가는 사람도 있지만,
자기도 모르게 나를 이해하게 되는 경우도 있어요. 저는
의식적으로 저를 알아가고 싶어서 사색도, 명상도 자주
해요. 메타 인지를 정확하게 하는 게 중요하다고 봐요.
저는 공감 능력이 좀 떨어지고 사회성도 부족한 편이에요.
그러다 보니 누군가와 교감하기보다는 혼자 있는 걸
좋아하는데요. 그런데도 주변에 사람을 많이 두고 소통
잘하는 사람들을 동경해요. 제가 바라는 제 모습은 좀더
사회성도 있고, 공감도, 소통도 잘하는 사람이죠.
그 지점을 맞춰 가면서 점점 제가 되고 싶은 제 모습
쪽으로 향해 가는 게 나다움을 찾는 일이 아닐까 싶어요.

지금 내 모습과 내가 되고 싶은 모습을 모두 살피는
통찰력이 필요하네요.

그렇죠. 나 자신을 잘 알지 못하면 '내가 되고 싶은 나'가
자기라고 착각하게 돼요. 주변 사람들이 보는 제 모습은
진짜 제 모습과 내가 되고 싶은 나 사이 어딘가에 있는
저일 거예요. 모든 사람이 그렇지 않을까요? 그래서
같은 A를 보고도 누구는 "그 사람 소심하잖아."라고
이야기하는 반면, 또 다른 사람은 "하나도 안
소심한데?"라는 상반된 이야기가 나오는 거죠. A는
소심한 사람이지만 소심해 보이고 싶지 않은 마음을 가진
사람일 수 있어요. 양쪽 모두 A의 모습이겠죠. 그래서
나답다는 건 한마디로 정확하게 정의하긴 힘든 것 같아요.
데이터로 분석할 수 있는 게 아니니까요. MBTI 같은 성격

유형 검사도 100퍼센트 신뢰하기 어려운 게, 자기가 되고
싶은 모습에 빙의해서 답변하게 된다고 하잖아요.

**나에 관해 한 번 더 생각하게 되네요. 나를 알아가기 위해
명상을 자주 하신다고 했는데, 도움이 되나요?**
명상이라고 하지만 제대로 배워서 하는 건 아니고 아무
생각 없이 가만히 앉아 있는 거예요. 아침에 일어나서
그런 시간을 가지려고 매일 노력해요. 짧게 할 때도 있고
길게 할 때도 있는데, 보통 아침 8시 반쯤 일어나서 딸이
일어나기 전에 시작해요. 누군가는 음악을 틀고 한다는데
저는 음악을 들으면 자꾸 상상을 하게 돼서 아무 소리도
없는 상태가 좋더라고요. 대체로 영화 〈매트릭스〉(1999)에
나오는 새하얀 방을 상상해요. 하루를 부팅한다는
생각으로 마음을 비우려고 명상하는 거죠. 짧게 하면
10분도 안 할 때도 있고, 길게 하면 한 시간도 해요.

오늘 명상은 어떠셨어요?
마음을 비우고 정돈하는 시간이었어요. 오랜만에 하는
인터뷰여서 '잘할 수 있을까?'라는 걱정이 이어졌거든요.
사실 인터뷰를 좀 무서워하는데요(웃음). 보통은
인터뷰어가 이전 인터뷰를 다 읽어보잖아요. 저도
사람이니까 생각이 바뀔 때도 있고, 가끔은 극에서 극으로
바뀌기도 하니까 지금 하고 있는 생각이 박제돼 버리는
게 무서울 때가 있어요. 그래서 마음을 비우고 오늘 어떤
이야기를 하면 좋을까, 어떤 이야기를 안 해야 할까, 계속
생각했어요.

명상의 결론은요?
요즘 제가 느끼고 있는 것들에 대해서 솔직하게
이야기하고 싶었어요. 자기 인지에 대한 것도
이야기해야겠다고 생각한 것 중 하나였죠. 제가 원하는
방향, 제 욕망을 정확하게 인지하는 게 살아가는 데 도움이
많이 돼요. 오늘 인터뷰를 걱정하면서 너무 확신에 찬
어조로 말하는 건 피하자고 생각했어요. 얼마 전에 브랜드
대표 인터뷰를 몇 건 봤는데 너무 단호하게 이야기하는
게 좋아 보이지 않았거든요. 저는 제가 틀릴 수도 있다는
걸 항상 생각하려고 해요. 논리가 어설픈데 확신에 차
있으면… 보기 안 좋더라고요.

**집 밖에서는 대표, 집에서는 아빠 역할을 하고 있을
텐데요. 대표 직함을 내려둔 아빠 성태민도 궁금해지네요.**
딸이랑 포켓몬 놀이 하는 사람이요(웃음). 제가 트레이너고
딸이 포켓몬이에요. 아, 요즘은 산리오 캐릭터로도 역할
놀이를 자주 해요. 보통 딸 시윤이가 '시나모롤'이고
제가 '포차코'나 '폼폼푸린' 역할인데 시윤이 세계관에서

시나모롤은 "시나시나"라는 말밖에 못 해요. 근데 얼마
전에는 저보고 시나모롤을 하라더라고요. 그래서 시윤이가
"이거 먹어." 하면 "시나시나" 하고 먹는 시늉을 하고,
"저기 가자." 하면 "시나시나" 하고 쫓아가는 놀이를
했어요. 무려 한 시간 넘게(웃음).

한 시간이나요?
네(웃음). "이제 그만하자, 시윤아." 그랬더니 "아빠!
'시나시나'라고 해야지!" 하더라고요. 손으로 엑스를
그리고, 고개를 저으면서 "시나시나" 하고 있는데
거래처에서 전화가 오더라고요. 근데, 사람이 한 시간 넘게
"시나시나"를 하고 있으니까 금세 뇌가 거기 적응하는 거
있죠. 제가 전화를 받고 뭐라고 했는지 아세요?

설마….
"시나시나?"

(크게 웃는다.) 어떡해요!
"시나시나? 아 죄송합니다." 그랬죠(웃음).

**완벽히 아빠이던 시간이네요(웃음). 다시 대표 역할로
돌아와 볼게요. 삭스타즈는 "양말로 세계를 정복하겠어!"
하는 포부보다도 자그마한 것에 집중하는 것 같아요.
"돌아오는 퇴근길 버스 안에서 고개를 숙였다가도 오늘
신고 나온 멋들어진 양말을 보고 조금 웃을 수 있기를
희망합니다."라는 말도 그렇고, 삭스타즈 양말을 '하루의
작은 위로'라고 이야기하는 것도 그렇고요.**
저는 행복이라는 게 도달해야 하는 지점이나 목표가
아니라 관점에 있다고 생각해요. 누구나 행복해질 수
있다고 보는 거죠. 여기저기서 많이 하는 말이라 식상하긴
한데, 행복은 빈도가 중요한 것 같아요. 그런 의미에서
양말은 행복의 빈도를 채워주기에 괜찮은 아이템이라고
생각해요. 예를 들어볼게요. 같은 양말이어도 하나는
신었을 때 좀 불편하고, 하나는 되게 편해요. 근데 편한
양말 금액이 더 비싸요. 그럴 때 어떤 걸 선택하세요? 저는
비싸더라도 편한 양말을 사고 만족감을 느끼는 사람이
행복의 빈도를 자주 채울 수 있다고 생각해요. 남들은
제가 신은 양말이 편한지, 아닌지 모르니까 편한 양말을
택하는 건 온전히 나를 위해서잖아요. 오늘 신은 이 양말도
속실에 신경을 많이 써서 제작된 양말이에요. 어떤 겉실을
쓰느냐에 따라 컬러나 디자인이 달라진다면, 속실은
신었을 때 촉감이나 편안함이 달라지거든요. 속실이 좋은
제품을 신으면 느낌이 굉장히 좋아요. 대신 비싸지요.
자기만족에 비중을 두는 사람은 비싸더라도 속실이 좋은
양말을 사겠죠? 근데 의외로 피부에 가까운 패브릭일수록

절약하는 분이 많아요. 물론 요즘은 예전보다 언더웨어도 신경 쓰는 사람이 많아지고 저도 양말로 돈을 벌고 있긴 한데요. 그래도 여전히 가방, 시계, 코트, 신발처럼 드러나는 제품에 신경 쓰는 분이 더 많아요.

대표님은 또 어떤 것들에 신경을 쓰시나요?
피부에 닿는 걸 중요하게 생각해서 수건, 침대보, 속옷에 신경써요. 겉으로 보이는 건 합리적인 금액으로 절충하고요. 남이 나를 어떻게 볼지도 중요하지만 잘 보이고 싶은 마음은 없어요. '너무 추레하지만 않으면 된다.' 주의죠. 사실 남에게 잘 보인다는 것도 물질에서 오는 건 아니라고 생각해요. 물질적인 건 너무 빨리 바뀌잖아요. 근데 수건이나 속옷, 양말 같은 건 그렇지 않아요. 이 집에 놓인 물건도 그래요. 이런 작은 스툴도 값나가는 게 있고 저렴한 게 있거든요. 저는 스툴 하나를 들일 때도 제 기분이 좋아지는가를 염두에 두고 골라요. 집 안에 두는 건 누구에게 보여주기 위함은 아니잖아요. 단지 저를 위해서, 우리 가족을 위해서 '보면 기분이 좋아지는 것'들을 들이려고 하는 거죠. 이 집에 작은 오브제가 참 많지 않아요? 그때그때 행복감을 섭취하려고, 제 기분을 위해 사 모은 것들이에요.

삭스타즈 매장도 비슷한 것 같아요. 자그마한 양말을 보면서 쉽게 기뻐하게 되니까요. 양말을 선물하거나, 선물 받는 기분도 무척 좋고요.
최근에는 오프라인 매장에 자주 못가지만 오픈 초반에는 매장 일을 열심히 했거든요. 어느 날 안 좋은 일이 있던 게 분명한 여자 손님 두 분이 들어오셨어요. 굉장히 안 좋은 안색으로 대화하고 계셨는데, 어느 순간 "이거 너무 귀엽다!", "이거 미쳤어!" 하면서 목소리가 점점 활기를 띠더라고요. 기분이 좋아지고 있다는 게 확실히 느껴졌는데, 양말을 몇 켤레 구입하시고 무척 기분 좋게 나가셨어요. 그걸 보면서 삭스타즈는 양말을 팔고 있지만 작은 것이 지니는 긍정적인 가치를 파는 곳이면 좋겠다고 생각하게 됐어요.

작은 것만이 줄 수 있는 온기가 분명히 있다고 생각해요. 대표님은 요즘 무엇을 통해 기분을 다스리나요?
화분이요. 방에도, 거실에도 참 많은데 다 저 혼자 키우는 아이들이거든요. 생명을 키워내는 기분이 참 좋아요. 책임감을 가지고 돌보는 데서 즐거움을 느끼죠. 사실 저는 식물을 엄청 좋아하는 사람은 아니에요. 어딜 가나 식물만 보면 기뻐지고, 숲이나 식물원에 일부러 시간 내서 가는 사람은 아니거든요. 제가 좋아하는 건 식물이 지닌 특징이에요. 잘 키워냈을 때 오는 보람과 상승감이

좋은 거라고도 할 수 있겠네요. 식물이 꾸준히 성장하는 걸 보면서 제 지향점을 다시 생각하기도 해요. 저 역시 꾸준히 뭔가를 해나가고 싶은 사람이니까요. J 곡선을 그리면서 한 번에 확 성장하고 확 성공하는 것보다는 단계별로 성장하고 싶어요. 그러니까 제 그래프는 제가 죽는 순간까지 조금씩 상승하고, 죽을 때에야 완성되겠죠. 식물이 그런 다짐을 상기해 주고 매너리즘에 빠지려고 할 때 북돋아 줘요. 꽃이 피면 충만감을 느끼기도 하고요. 흔들릴 때마다 가야 할 방향을 알려주는 것 같아요.

식물이 상승감을 준다는 걸 안다는 건 나를 이해하고 있다는 의미 같아요. 대표님은 나를 돌아볼 여유가 있고, 그러기 위해 노력하는 분이란 생각이 들어요. 그런 여유는 단순히 물리적인 시간만을 의미하진 않겠지요.
맞아요. 아무리 바쁘게 살아도 자기가 뭘 하는지 정확하게 아는 게 중요해요. 내가 뭘 위해서 이걸 하는지 인지해야 한다는 거죠. 사람들이 일하면서 지치는 이유가 '내가 지금 뭘 위해 이걸 하고 있지?'라는 물음 때문이거든요. 제가 생각할 때 직업은 신발처럼 원하면 언제든 갈아 신을 수 있는 거예요. 저는 회사에 다니다 이직하거나 새로운 길을 꿈꾸는 게 배신이라거나 믿음을 저버리는 일이라곤 생각하지 않아요. 일이나 회사를 위해 나를 희생하면서 절망감을 느끼거나 지나치게 지칠 필요는 없어요. 물론 말처럼 쉽진 않겠죠, 저도 지칠 때가 있는걸요. 그럴 때 여기서 벗어날 수 있는 확실한 장치를 만들어 놓는 건 중요할 거예요.

그런 장치가 있나요?
확실한 회복 루틴이 있어요. 예닐곱 시간이 확실히 확보될 때 할 수 있는 휴식인데요, 회복 루틴을 하는 날엔 집에다가도 얘기해요. "나 오늘 찾지 마!" 집을 나서면 일단 운동을 해요. 그리고 차가운 커피를 마시고 목욕탕에 가서는 냉탕과 열탕을 왔다 갔다 하죠. 운동한 다음이라 체온이 올라가 있는 상태에서 뜨거운 물과 차가운 물 사이를 왔다 갔다 하면 기분이 좋아져요. 별다른 생각도 안 들고요. 목욕탕에서 한 시간 반 정도 이걸 반복하는 게 제 회복 루틴이에요. 열탕에서 몸을 쫙 덥혀놓고, 냉탕에 들어가서 확 떨어뜨리고. 그러고 나서 집에 와서는 달콤한 걸 먹고, 배달 음식을 준비해 둔 다음 넷플릭스를 보는 거죠. 완벽한 시간이에요. 이 루틴은 토막토막 바라던 것들이 모여 만들어진 거예요. 일하다 말고 하게 되는 생각들 있잖아요. '아, 시원한 탕에 들어가고 싶다.', '넷플릭스 보고 잠이나 자고 싶다.' 그런 바람을 모아 한번에 해치우는 거죠. 대단한 수고가 드는 것도 아니에요. 한 달에 한 번, 나를 위해 여섯 시간 정도를

수 있잖아요. 그런 루틴을 만들어 두면 확실히 회복하는 데 도움이 돼요. 회복 루틴을 만든 이후로는 지쳐가고 있다는 생각이 들면 생각이 나요. '아, 힘들다. 내일은 회복 루틴 간다!'

작은 행복이 이어지면서 시너지를 내는 거네요.
들으면서 머릿속으로 제가 하고 싶어 한 것들을 하나씩 정리해 봤어요. 곧 저만의 회복 루틴을 하나 만들어 봐야겠어요(웃음).
충만함이 확실해요. 장난 아닐 거예요(웃음).

얼마 전 SNS에 이런 이야기를 쓰셨죠. "환상적인 휴식의 필수 전제는 자신을 한계까지 몰아붙이는 고강도 일이다." 회복 루틴과도 연관되는 이야기 같아요.
이것도 성향 차이인 것 같아요. 빠르게 회복하고 원상 복귀되는 사람도 있을 거예요. 반면, 확실하게 쉬어주어야 제대로 충전되는 사람도 있겠죠. '쉰다'는 건 일을 했다는 거잖아요. 일을 안 해놓고 쉰다고 하는 건 쉬는 게 아니라 그냥 가만히 있는 거죠(웃음). 악보에 쉼표가 존재하는 건 그 앞에 음표가 있었다는 의미예요. 음표와 쉼표처럼, 빛과 그림자처럼 일과 쉼은 반드시 동반되는 이야기라고 생각해요. 큰 일에는 큰 쉼이 필요하다고 보는 거죠. 저는 일할 때 무식할 정도로 모든 걸 다 던져서 집중하는 편이에요. 엄청 바쁘죠. 일하는 중간중간 작은 쉼으로 어느 정도 충전을 하고 있지만, 에너지를 완전히 소진하고 난

뒤에는 회복 루틴이 필요해져요. 에너지가 완전히 떨어질 만큼 일하지 않고 회복 루틴을 하면 휴식이 넘친다는 생각이 들어요. 회복 루틴을 할 정도로 쉬려면 완전한 고갈이 전제되어야 해요.

확실히 일하고, 확실히 쉬는 거네요. 양말 브랜드는 5월부터 3-4개월 동안 비수기라고 들었어요. 여름이 오면 우울했는데 7-8년 차 이후부터는 여름방학 기분으로 쉬신다고요. 올해 여름은 어땠어요?
쉰다고는 했지만 마음은 여전히 불안해요. 그런 우울감을 완전히 막긴 어려워서 그러지 말자고 생각하려고 해요. 다행히 올여름엔 아이랑 함께 바쁘게 보냈어요. 어린이집 방학이 있어서 10일 동안 여행도 두 번이나 가고, 뮤지컬도 보면서 연예인 같은 빡빡한 스케줄을 소화했어요. 중간중간 체력 보충도 하고요. 게다가 올여름은 비수기인데도 일이 많아서 우울해질 틈 없이 기쁘게 바빴죠.

올해 삭스타즈 리브랜딩도 있었잖아요. 로고랑 심벌만 바꾸는 게 아니라 앞으로의 방향성도 다듬는 일이라 쉽지만은 않았을 것 같아요.
손님 생각을 많이 했어요. 저희 손님들이 어떤 사람인가 대략적으로만 생각했지 깊이 생각해 본 적이 없는 것 같아서 하나의 페르소나를 만들어 보려고 했어요. 그 작업을 위해 디자이너와 계속 소통했죠. '삭스타즈의 손님은 이런 사람이면 좋겠다.'라는 전제를 두고 우리 가게에 오실 분들을 구체적으로 그린 작업이었어요. '이런 커피를 마시면 좋겠고, 이런 브랜드를 좋아할 것 같고, 이런 음악을 들을 것만 같고….'

어느 인터뷰에서 "삭스타즈다움이란 품위 있는데 재밌는 사람, 열정적인데 드러내지 않고, 조건 없이 잘 베풀고, 욕심 있어 보이지 않으면서도 재밌는 걸 놓치지 않는 이미지."라고 이야기하신 적이 있죠. 삭스타즈의 손님 페르소나도 어느 정도 비슷할 것 같아요.
맞아요. 제가 생각하는 손님과 직원, 그리고 저는 크루 같은 존재예요. 저만 그렇게 생각하는 걸 수도 있는데(웃음) 프레임에 가두는 건 아니지만 우린 큰 거보다 작은 걸 좋아하는 사람들이라는 믿음이 있어요. 누군가는 작은 것에서 가치를 찾는 걸 이상하게 볼 수도 있죠. 핀잔을 듣기도 할 거고요. 그런데 우리는 그걸 이해해요. 그래서 삭스타즈 슬로건도 "Don't Worry, I Know You."인 거예요. 건방져 보일 수도 있고, 누군가는 "네가 뭘 알아?" 할 수도 있겠죠. 근데 저는 우리가 서로 그런 존재였음 좋겠어요. "걱정하지 마, 나는 네 취향을 알아."

저도 따뜻하다는 느낌을 받았는데, 'I Know You.'에서 '네가 뭘 알아?'라는 생각을 하기 전에 'Don't Worry.'에서 푸근한 느낌을 받아서 그랬나 봐요. '왜 아무도 몰라주지?'라는 생각을 할 때, 그 마음을 이해하고 헤아려 주면서 양말을 건네는 브랜드이고 싶어요.

그래서 삭스타즈가 이야기에 집중하는 것 같기도 해요. 아티스트와 협업할 때도 "개인적이지만 소소하지만 명확한 이야기가 있는 분"이랑 협업하고 싶다고 했고, 홈페이지에는 '저널' 카테고리를 두고 여러 콘텐츠를 꾸려가고 있어요. 인터뷰, 편지, 책장, 출근일지…. 팟캐스트도 이제 한 축을 맡게 됐죠. 오늘 계속 나다움에 대해 이야기하게 되는데, 저는 스스로 저를 인지하고 있어야 한다고 생각해요. 그러니까, 제가 어떤 캐릭터인지를 분명히 하는 거죠. 《삼국지》, 《슬램덩크》의 등장인물처럼 저를 하나의 캐릭터로 생각하고 제가 어떤 포지션인지 평소에 계속 생각해 보는 거예요. 그래야 내 이야기가 시작되거든요. 나에 대해 고민하지 않으면 "저는 화목한 부모님 밑에서 자라 충실하게 학창 시절을 보내 대학을 졸업하고…" 이런 뻔한 이야기만 나와요. 이야기라는 건 한순간에 만들어지긴 어려워요. 그러니까 캐릭터를 먼저 고민해 보는 거죠. 캐릭터가 있으면 이야기가 만들어지기 수월하거든요. 그래서 저도 제 성향과 제가 원하는 모습의 중간을 찾는 게 좋다고 생각하는 거고요.

대표님의 이야기는 지금 어느 정도 만들어졌나요? 다른 건 몰라도 결혼하고 아이가 생기면서 확실히 다른 이야기가 펼쳐지고 있어요. 어릴 때는 제가 좀… 독했거든요. 체형이 연관 있을진 잘 모르겠지만 지금보다 훨씬 말랐고, 눈빛도 번들번들했어요. 그런 시절엔 제 이야기가 없던 것 같아요. 저에 관해 생각하고 인정하는 일을 못 했다고 생각해요. 사실 전 대표감이 아니거든요. 근데 대표를 해버렸잖아요. 그래서 어떻게든 해나가기 위해서 원하는 무언가를 찾고, 제 이야기를 만들면서 지내게 된 것 같아요.

누구나 원하는 모습이 있을 거예요. 근데 그 이상향이 절대 당도하지 못하는 모습일 수도 있을 텐데요. 중간 지점도 찾아갈 수 없을 정도로 멀리 떨어져 있다면, 바로 포기하고 현시점의 나를 인정해요.

그럼 지금 가장 이상적으로 생각하는 나는 어떤 모습이에요? 전 항상 좋은 사람 만나는 거에 목말라 있었어요. 주변에 사람이 많지 않고, 사교적인 편이 아니라서요. 근데 브랜드를 이어 나가려면 좋은 사람이 필요하거든요. 그래서 좋은 사람에 대한 욕구가 늘 있었는데 최근엔 방향이 조금 바뀌었어요.

어떻게요? '좋은 사람이 되어주고 싶다.'로요. 제가 누군가에게 좋은 사람인가를 생각하는 거죠. 그쪽으로 노력하다 보니 좋은 사람이 저한테 오기도 하고, 제가 누군가에게 좋은 사람이 되어주기도 해요. 자연스럽게 그렇게 되어가고 있다는 걸 알게 돼요. 특히 '취향전' 때 많이 느꼈죠. 다음 팟캐스트에서는 '취향전'에서의 이야기와 인간관계에 관해 이야기해 보려고 해요. 근데, 지금이야 제가 많이 성장했다 느끼지만 나중에 보면 '이불 킥'할 만한 이야기일지도 모르겠어요(웃음). 50대의 성태민이 오늘의 성태민에게 "뭘 안다고 성숙했다는 거야?" 할지도 모르죠. 그래도 그런 말을 한다는 건 훗날 더 성숙해져 있다는 거니까 좋을 것 같아요.

성장 이야기를 해서 그런지 자꾸 미래를 생각하게 돼요. 대표님은 과거나 현재보다 미래를 더 중요하게 생각하시나요? 미래는 중요해요. 하지만 전 미래 생각을 많이 하진 않아요. 현재가 훨씬 중요한 사람이거든요. 성장한 모습을 그리는 것도 즐겁지만 미래의 저한테 닿는 과정이 더 중요해서 '성장한 나'보다 '성장해 가는 나'에 더 관심이 많아요. 그래서 현재 지향적인 거고요. 저는 상인이잖아요. 돈 버는 게 중요하긴 한데, 돈을 많이 벌어서 풍요로워진 미래보다는 돈 버는 일에서 재미를 느껴요.

짓궂은 질문을 드리고 싶네요(웃음). 하루아침에 삭스타즈의 모든 양말이 다 팔려서 벼락부자가 되었어요. 그래도 성공했다는 느낌은 안 들까요? 네. 그렇게는 팔지도 않을 거고요. 누가 와서 "이 회사를 사겠다!" 해도 안 팔 것 같아요. 물론 돈을 어어어엄청 많이 주면 생각이야 해보겠지만(웃음). 만에 하나 판다고 하더라도 '더 재미있는 거 할 수 있겠는데?' 하고 새로운 걸 시작할 것 같아요. 또 다른 과정으로 뛰어드는 거죠. 저는 언제나 갈증의 고통보다 권태의 고통이 더 크다고 믿고 있어요. 감히 추측하건대, 백만장자는 할 일이 없어진 지금보다 목표를 하나씩 이뤄나가던 시절이 더 행복했을 거예요.

삭스타즈는 회사이기도 하고, 직업이기도 하고, 내가 책임져야 할 식구 같은 존재이기도 하고… 다면적인 의미가 있는데요. 직접 정의하는 대표님의 삭스타즈가 궁금해요.

밖에서 보는 삭스타즈는 '졸음 쉼터' 같은 공간이길 바라요. 저 자신에게는 그보다 훨씬 큰 의미지만요. 가족을 지키는 도구라는 게 가장 커요. 부부가 함께 일하는 일터이기도 하고, 가족을 지키기 위해 돈을 버는 창구이기도 하니까요. 그리고 동시에 제가 좋아하는 직원들이 성장할 수 있는 공간이기도 하죠. 오래도록 함께하는 게 좋지만, 여기서 더 성장해서 다른 곳으로 간다고 해도 괜찮아요. 그렇게 됐을 때 "쟤 삭스타즈 출신이래." 하면 당연하게 "그래서 일을 잘하는구나."라는 이야기가 나올 수 있기를 바라죠.

이번 호 주제어가 '잠'이에요. 오늘은 잠보다 쉼, 휴식에 관해 이야기를 많이 한 것 같은데 잠 이야기도 좀 해볼게요. 잠버릇 있으세요?

이를 갈아요. 저는 잘 모르는데 주위에서 간다고 하더라고요. 그래서 아침에 턱이 얼얼할 때가 있어요. 이도 그렇고요.

그럼 아침이 좀 찝찝하죠. '푹 잤다.' 싶을 땐 언제예요?

중간에 깨지 않고 꿈도 안 꾸고 잤을 때요. 꿈은 언제나 꾼다고 하는데, 어쨌든 꿈도 기억 못 하고 계속 잤을 때가 잘 잔 날 같아요. 눈뜨면 딱 느낌이 오죠. '아, 잘 잤다.' 하고요. 옛날엔 세 시간 정도밖에 안 자서 늘 피곤했는데 요즘은 예닐곱 시간을 지키려고 해요.

꿈은 계속 꾸며 살지만 두고두고 기억에 남는 꿈은 많지 않은 것 같아요. 그런 꿈 있어요?

많죠. 저는 꿈을 많이 꾸는 편이에요. 꿈에서 제가 송민호, 조세호 씨 친구였는데, 조세호가 송민호만 잘해주고 저한테는 데면데면하게 굴어서 서운한 적도 있고(웃음)…. 아, 최근에 와이프가 시한부가 되는 꿈을 꿨어요.

네?

수술을 앞두고 있는데 제가 장기를 이식할 수밖에 없는 상황이 된 거예요. 그것도 100퍼센트 성공 확률은 아니었는데, 당장 이식하겠다고 했어요. 전신마취를 하고 눈을 떴는데 수술이 끝나 있더라고요. 성공했대요. 와이프가 살았다는 거예요. 수술하기 전까지 와이프가 계속 입원해 있어서 퇴원하자마자 여기저기 놀러 다니고 맛있는 것도 먹으면서 며칠을 보냈어요. 근데 어느 날, 꿈에서 자고 일어났는데 옆에 와이프가 없더라고요. 여기저기 찾아도 안 보여요. 그래서 장모님한테 전화했는데 장모님이 그러시는 거예요. "무슨 소리야, 저번에 죽었잖아."

…소름 돋았어요….

수술 도중 와이프는 죽었는데 수술 후에 저 혼자 여행 다니고, 맛있는 거 먹고, 저 혼자 며칠을 보내면서 와이프가 옆에 있다고 생각한 거예요. 꿈속의 제가 내내 환각을 본 거죠. 꿈에서 전 완전히 폐인이 됐어요. 삭스타즈도 망하고, 직원들도 뿔뿔이 흩어지고, 모든 게 엉망이었죠. 근데 그때 누군가 폐인이 된 제 등을 막 두드리는 거예요. 눈을 팍 떴는데 모두 꿈이었고, 옆에 와이프가 있었어요. 얼마나 다행이었는지 몰라요. 꿈에서의 절망감이 너무 생생해서…. 영화나 드라마에서 그런 장면 많이 나오잖아요. 스펙터클한 이야기가 펼쳐지고는 스르르 사라지면서 "사실은 상상이었습니다." 하는 거. 티브이로 볼 때는 유치하다 생각했는데 실제로 겪으니까 너무 다행이다 싶더라고요. 꿈에서는 꿈인지 모르니까, 감정을 고스란히 느끼니까 그 기분을 그대로 지닌 채 깼거든요. 와이프를 꽉 안고 "다행이다. 진짜 다행이다." 그랬어요. 와이프는 이상하게 생각하지 않고 그런 저를 꼭 안아줬고, 전 하루 동안 좀 멍했어요.

소름이 가라앉질 않아요. 너무 슬프고, 너무 다행이에요.
와이프가 집이랑 회사 양쪽을 위해 희생하고 있다고 자주
느끼던 시절이어서, 미안하다고 여기던 마음이 꿈에
반영된 것 같아요.

이번 호 주제어와 삭스타즈를 고루 생각하다 보니
'수면양말'의 존재가 떠올랐어요. 삭스타즈에서 만들기도
하는데, 직접 신기도 하시나요?
만들긴 하지만 발에 열이 많아서 저는 못 써요. 겨울에도
이불 밖으로 발을 내놓고 잘 정도로 체온이 높거든요.
수면양말이나 기능성 양말을 만들 땐 이성적으로 생각하게
돼요. 똑같은 양말이지만 기능성 양말은 패션 양말에 비해
장비 같아요. 반면 패션 양말은 작품에 가깝고요.

아, 그러고 보니 스타킹도 직접 신어보신다면서요.
저는 디자인 전에 기능이 먼저 완성되어야 한다고
생각하기 때문에 스타킹도 기능에 집중해서 제작해요.
기능적인 베이스가 나오면 그 위에 디자인을 더할 수
있다고 보거든요. 스타킹은 쫙 폈을 때 색깔이 고르게
염색이 되는지를 확인하고, 인장력이나 내구성이 좋은지
철저히 살펴요. 전자파를 막아줄 수 있는지도 보고요. 제일
괜찮은 프로토타입을 만들어서 발전해 가는 거죠.

이참에 삭스타즈 양말 자랑 좀 해주세요.
솔직히 아직까지는 '강추!' 하고 싶은 제품은 안 나왔어요.

정말요?
완전히, 모든 방면에서 100퍼센트 만족하는 제품은 아직
없지만, 추천하고 싶은 양말은 'MERINO LIGHT KNEE-
SOCKS'예요. 메리노울로 만든 니삭스인데요. 루즈하게
연출하면 예쁘고, 금액도 합리적이에요. 착용감도
좋고요. 제가 개인적으로 만족한 상품이기도 해요. 따로
홍보한 것도 아닌데 인플루언서들이 많이 구매해 준
제품이기도 하죠. 남성 양말은 최근에 출시된 ETZEL의
'EDGER'라는 제품을 추천하고 싶은데, 국내에 두 대밖에
없는 기계로 만든 제품이에요. 올해 2월에 한국엔 처음
들어온 기계인데요. 6-7월에 세팅을 마치고 처음으로
가동해서 만든 양말이에요. 한국에서 이 양말을 만들어 낸
건 삭스타즈밖에 없어서 기록해두고 싶어요.

완전히 마음에 드는 양말이 아직 없다고 하시니까 더
궁금해져요. 대표님이 꿈꾸는 최고의 양말은 어떤 거예요?
그런 게 있을까 싶어요. 아무리 근사한 걸 만들어도 계속
뭔가를 원하고, 발전해 나가지 않을까요? 저는 갈증을
느끼길 원해요. 그게 없으면 오히려 힘들 것 같아요.

아, 완성형보다는 완성해 가는 과정이 좋다고 하셨지요.
추구하는 삶의 형태가 그러니까 양말도 만들어 가는
과정을 더 중요하게 생각하게 돼요. '괜찮은 양말을
만들고, 부자가 됐다, 그러고 죽었다.'가 아니라 그 과정을
더 소중히 여기게 되는 거죠. 그 과정이 제 인생이잖아요.
그 인생을 재미있게, 즐겁게 보내고 싶다는 마음이 커요.
오늘 인터뷰도 그런 일 중 하나고요.

대표님에겐 역시 이야기가 중요한 요소로군요. 앞으로도
삭스타즈는 계속 이야기를 만들어 갈 것 같아요. 또
기획하고 있는 재미있는 일 있나요?
아직 공식적으로 발표한 건 아닌데, 지금 작곡가랑 곡을
쓰고 있어요. 10월 초면 홈페이지 '저널' 카테고리에서
만날 수 있을 거예요.

곡이요?
네. 연주곡 형태인데, '세탁기 안의 양말은 어디로
갔을까.', '따뜻한 울 양말을 올해 처음 신었다.' 이런
식으로 양말을 떠올리며 주제를 정해요. 그 주제로 곡을
주기적으로 발표하는 시리즈죠. 꾸준히 곡을 발표해서
공연까지 하는 게 목표예요. 지구에도 주파수가 있다는
거 아세요? 지구가 뿜고 있는 주파수가 7.8헤르츠래요.
거기서 영감을 받아 '양말 가게의 주파수'라는 이름으로
콘텐츠를 이어가 보려고요. 우리가 품고 있는 주파수를
가상으로 만들어서 손님에게 들려드리는 거예요. 나중에

곡이 모여 공연하게 되면 예매하신 분들께 양말을
티켓으로 보내드리겠다는 계획까지 세웠죠. 양말목에 공연
타이틀이랑 일시 같은 걸 새겨서(웃음). 그리고 관객들은
미리 받은 그 양말을 신고 오시는 거죠.

엄청 귀엽겠어요!
이번 콘텐츠를 함께할 작곡가는 〈양파인〉 팟캐스트
로고송을 만들어 준 친구인데, 다양한 음악 작업을 하고
있어요. 작업 중엔 디저트와 영화가 함께하는 음악회도
있는데요. 디저트를 먹으면서 영화의 한 장면과 라이브
연주를 감상하는 공연이에요. 디저트와 영화에 따라
음악을 바꾸어 연주하죠. 영화에 마들렌이 나오면
마들렌을 먹으면서 음악과 영화를 감상해요. 커피를 마실
땐 커피를 위한 영화와 음악이 나오고요.

나중에 그 디저트를 먹으면 음악이 떠오르겠어요.
맞아요(웃음). 7년 전쯤 삭스타즈가 양말에 향을 담아주는
향기 배송을 시작했는데 그 친구가 향으로도 음감회를
한 적이 있어요. 시향지를 나누어주고, 그 향에 맞는 곡을
연주하는 거예요. 그다음에 향을 수거하고 다음 시향지를
나눠주면서 또 다른 연주곡을 들려주는 거죠. 공연할
때 영상도 나오는데, 시각, 청각, 후각, 미각 등이 한데
맞물려서 진행되는 공연이에요. 그걸 발판 삼아 양말로도
뭔가를 해보고 싶어서 기획하게 됐어요.

**과정만 들어도 이렇게 재밌는데, 삭스타즈의 앞으로가
더욱 기대되네요. 삭스타즈는 삭스와 스타의 합성어라고
알고 있어요. 별은 밤에 뜨는 거잖아요. 그래서 삭스타즈란
존재의 밤을 생각해 봤어요. 이 친구는 어떤 밤을 보낼까,
어떻게 잠을 잘까 상상해 보고 싶었죠.**
음… 이 친구는요, 향초를 켜서 향을 충분히 즐길 것
같아요. 창문을 열어 환기를 한번 하고 누워서는 백색
소음을 듣겠죠. 그런 상태로 서서히 잠에 빠져드는
친구예요.

**향초를 켜는 섬세함과 환기하는 꼼꼼함도 있고, 백색
소음을 즐기는 세심함도 지닌 친구로군요.**
네, 그리고 나만을 위한 작은 시간을 소중히 하는
친구겠지요(웃음).

대화를 마치고 가방을 챙기는 동안 성태민 대표는
"옷 갈아입어야겠네요." 하고 방으로 사라졌다.
티셔츠와 반바지를 입고 편안해 보이는 가방을 멘 그는
"출근복이에요." 하고 말하며 둥근 표정으로 웃는다.
'환상적인 휴식'을 위해 '고강도의 일'을 하러 떠나는
그를 보면서 양말 가게의 오늘을 상상한다. '〈양말 가게의
추피수〉 공연이 열리면 꼭 보러 가야지.' 생각하면서.

Essay

간밤의 편린들

글 김상민, 손현, 안미옥, 엄지혜, 이재영, 이주연, 이지은, 정의정
일러스트 콰야   에디터 이주연

자고 일어났을 때 "어, 꿈인가?" 할 때가 더러 있다. 흩어지는 꿈의
조각이 아쉬워 더듬더듬 머리맡에 둔 연필과 공책을 찾는다. 뭐라
적었는지도 잘 모르겠는 비뚤배뚤한 글씨 사이로 어슴푸레 이미지가
그려질 때, 나는 비로소 꿈을 낚았다고 생각한다.

안미옥 시인. 시집 《온》, 《힌트 없음》, 《저는 많이 보고 있어요》가 있다.

정의정 낮에는 인터넷 서점, 밤에는 퀴어페미니스트 책방에서 일한다.

엄지혜 《태도의 말들》, 《돌봄과 작업》(공저) 등을 썼다. 2023년이 지나기 전에 두 번째 에세이를 펴내는 것이 매우 중요한 과제다. 이것만큼은 꼭 꿈이 아닌 현실로 이룰 것이다.

이지은 출판사 유유히에서 책을 만드는 편집자. 에세이 《내 인생도 편집이 되나요?》를 썼다.

손현 서울에서 태어나 건축을 공부했다. 엔지니어링 회사에서 공장을 짓다가 퍼블리, 매거진 《B》를 거쳐 핀테크 회사에서 글을 짓고 있다. 《글쓰기의 쓸모》, 《모터사이클로 유라시아》, 《요즘 사는 맛》(공저), 《썬데이 파더스 클럽》(공저) 등을 썼다. 현재 두 돌을 넘긴 딸의 양육자이기도 하다. 집안일을 마치고 테니스 코트로 나가는 게 요즘 삶의 낙이다.

이재영 그래픽 디자인 스튜디오이자 출판사인 6699프레스를 운영하고 있다. 겨울에 태어났고 여름을 좋아한다. 클래식FM 〈세상의 모든 음악〉의 애청자이기도 하다.

김상민 낮에는 브랜드 마케팅, 밤에는 글을 쓰며 살아간다. 《낯가림의 재능》, 《아무튼, 달리기》 등을 썼다.

이주연 《AROUND》 에디터. 제법 긴 시간 책을 짓고 살아왔다. 책과 어린이, 그리고 귀여움이 세상을 구할 거라 믿는다. 여름방학이라는 단어가 제일 좋다.

안미옥

꿈의 안과 밖

어릴 때 자주 꾸던 꿈이 생각난다. 꿈의 기억은 보통 아침이 되면 대부분 사라지고, 오래 기억하면 하루 이틀 정도인데. 유년기와 청소년기에 꾸던 꿈이 아직도 생각나는 이유는 너무나 자주 꾸었기 때문이다. 이제는 그 꿈을 꾸지 않지만, 여전히 기억나는 꿈은 두 가지다. 하나는 내가 바비큐처럼 기둥에 매달려 돌아가다가 순식간에 몸의 안과 밖이 뒤집히는 꿈이다. 마치 주머니를 뒤집듯이, 뒤집히는 순간 늘 잠에서 깨어났고 너무 무서워 한참을 다시 잠들지 못했다. 나머지 하나는 조금 더 긴 꿈이다. 대중목욕탕에 물은 없고 바닥에 사람들이 누워 있다. 많지는 않았고 대여섯 명 정도. 지푸라기를 엮어 만든 덮개가 그들의 머리끝까지 덮여 있었는데 나는 그걸 하나하나 열면서 얼굴을 확인하다가 깨곤 했다. 깨고 나면 꼭 가위에 눌렸다. 요즘은 자고 일어나면 꿈이 잘 기억나지 않는다. 대신 세 살 아이와 함께 자다가 아이의 꿈을 목격하게 되는 경우가 종종 있다. 잠꼬대도 하고 심해지면 반수면 상태로 울면서 꿈을 겪기도 하기 때문이다. 그럴 땐 내게 무언가 요구를 하고, 해결되기 전까지 다시 잠들지 못한다. 예를 들면, 홀쭉해진 애착 인형을 들고 "베베가 바람이 다 빠졌어! 바람 넣어줘!" 하면서 운다거나, 모기 물린 자리에 밴드를 붙여 달라며 운다. 이럴 땐 아무리 사실적인 설명을 해줘도 잘 달래지지 않는다. 베베를 들고 후후 풍선 불 듯

바람을 넣어주는 시늉을 하거나 진짜로 밴드를 붙여줘야 안심하고 잠이 들었다. 아침에 아이에게 꿈을 꾸었냐고 물으면 그렇다고 했다. 세 살 정도 되면 꿈을 인지한다는 것이 신기하기도 했다.
그러다 어느 날엔 자다 깬 얼굴로, 아침의 목소리로 아이가 내게 말했다. "왜 꿈은 밖으로 못 나오는 거야?" 꿈은 잠 속에 있기 때문이야, 나는 대답했는데. 그날부터 아이의 질문이 자주 떠올랐다. 최근 내가 꾸는 꿈에는 대부분 현실에서 만나는 사람들이 등장했고 대부분 악몽으로 이어진다. 현실 같은 꿈과 꿈같은 현실 사이에서 나는 자주 혼란스러워하곤 했다. 그런데 아이의 질문이 이상하게 나를 안심하게 했다. 침범할 수는 있으나 넘어갈 수는 없다는 것, 내가 어떤 악몽을 꾸더라도 꿈이 나의 현실을 상하게 할 수 없다는 명백한 사실이 주는 안심. 그러다 한밤이 되면 다시 의심하기도 했다. 정말로 꿈은 밖으로 나올 수 없는 것일까? 어쩌면 이미 꿈은 제 마음대로 밖을 활보하고, 경계 없이 넘나들고, 다시 제자리로 돌아가 어디에도 가본 적 없는 얼굴로 앉아 있는 것은 아닐까? 현실은 꿈의 바깥일까? 꿈의 아주 깊숙한 안쪽 아닐까? 그러다 자면서 히히히 웃는, 즐거운 꿈을 꾸는 아이의 웃음소리를 들으면 이런 생각도 어딘가 꿈처럼 날아가기도 했다.

정의정
Yes Means Yes

꿈에서는 뭐든 다 할 수 있다고 하지만, 내 꿈에서는
현실에서 하는 만큼만 재연된다. 〈인사이드 아웃〉(2015)을
본 이후 꿈 내용이 시원찮으면 머릿속에서 한창 꿈을
만들고 있을 꿈 공장장을 욕하게 되는데, 이 공장장은
도무지 열심히 하려는 의지가 없어서 늘 하던 것만 한다.
꿈에서 나는 하늘을 날아다니지도 않고, 좋아하는 사람에게
듣고 싶은 말을 듣지도 않는다. 주로 꾸는 건 다음 날
회사에 가면 해야 할 일들을 쳐내는 꿈이다. 꿈에서 일한
만큼 현실에서도 일이 되어 있으면 좋았을 테지만 그럴
일은 없다. 일만 두 번 하는 꼴이다.
그나마 꿈 공장장이 가장 애써서 만든 꿈 중 기억나는 건
케이트 블란쳇Cate Blanchett이 나왔을 때다. 어느 서울
인근의 고급 호텔 로비에서 나와 케이트 블란쳇이 이야기를
나누고 있었다. 그는 〈캐롤〉(2015)에서처럼 은근한 어투를
사용하면서 나에게 호텔 카드키를 건넸다. "내 방은
1401호예요." 그러고는 자기 방으로 올라갔다.
뭐야, 나 루니 마라Rooney Mara야? 지금 케이트 블란쳇한테
대시 받은 건가?
같이 올라갔다면 나는 케이트 블란쳇과 잔 사람이 될 수도
있었겠지, 꿈속에서지만. 하지만 현실에서 못 하는 일은
꿈에서도 못 한다. 나는 로비에서 발을 동동 구르며
'아, 하지만 나는 애인이 있는데!' 하며 정절(?)을 지키는
쪽을 택했다. 나는 종종 그때 꿈을 생각한다. 눈 딱 감고
그냥 올라갈걸…. 꿈인데 뭐 어때…. 나중에 애인에게
말해주자, 애인도 그런 기회가 생기면 잡았어야 한다며
다음에
또 꾸게 되면 자고 와서 후기를 남겨 달라고 했다.
그리고 또다시 기회가 왔다.
이번에는 꿈속에서 케이트 블란쳇이 신작 영화를 홍보하기
위해 한국에 왔다. 나는 그를 보필하는 비서 역할이었다.
(〈타르〉(2022)가 개봉하기 전이었다. 개봉 후였다면 장르가 스릴러
내지는 사회 고발이었을지도.) 그는 K-홍보 일정에 맞추어
'강남스타일'을 추고 "사랑해요, 연예가중계" 인터뷰를
몇 건 한 다음 나한테 자자고 해놓고는 소주를 먹고
곯아떨어졌다. 꿈속의 나는 생각했다. '판단 능력이 없는
상태에서 동의하지 않은 성관계는 안 된다!'
웃자고 한 얘기지만 꿈에서도 안 된다, 암 안 되고말고.
'Yes Means Yes'입니다. 상대가 누구든, 장소가
어디든 기억합시다.

엄지혜
꿈도 나를 닮았네

어릴 적부터 잠을 좋아했나? 기억나지 않지만 나는 잠을 만병통치약으로 여긴다. 몸이 뻐근하거나 피로가 몰려오면 일단 눕는다(누울 수 있는 상황이라면). 30분, 1시간, 2시간을 자고 나면 급속도로 몸이 충전된다. 일도 육아도 살림도 모두 해낼 수 있는 느낌이랄까. 어떠한 피로회복제, 자양강장제보다 낫다. 40년 인생 가운데 불면증을 겪은 날짜가 50일쯤 될까. 형편없는 체력의 소유자지만 아직까지 큰 병 없이 살아가는 건 매일 비축해 놓는 '잠' 덕분이라고 생각한다.

일주일 중 3일은 꿈을 기억한다. 사람들은 항상 꿈을 꾸지만 모든 꿈을 기억하지 못한다고 하니, 꾼다는 것이 아니라 기억한다는 편이 맞을 듯하다. 현실적인 성격답게 꿈도 스케일이 작다. SF 작가 인터뷰를 한 날에도 내 꿈의 배경은 독립영화관이다. 어제 나의 심신을 불쾌하게 한 K씨와 도무지 속내를 알 수 없는 Y씨가 등장해 나를 쌍방향으로 괴롭힌다. 꿈에서라도 싸우고 싶은데 현실처럼 꾹 참은 채 눈을 뜬다.

두 번째 육아 휴직을 기념하여 어제는 〈나는 솔로〉를 '본방 사수'하고, 오늘은 〈하트시그널4〉를 몰아 봤다. 왜 이렇게 남의 연애사를 지켜보는 일은 흥미진진한지,

꿈에서라도 달달한 연애를 하고 싶은 욕망이 아직 샘솟는 것일까? 리얼리티 프로그램을 연이어 보았으니 가능한 일 아닌가 싶은데, 웬걸 오늘 자 꿈의 배경은 다음 주부터 시작하는 글쓰기 강의 현장이었다. 수강생이 한 명도 오지 않아 텅 빈 강의실에서 애꿎은 마우스만 만지작거리는 내 모습이라니. 왜 꿈의 소재도 나를 닮았나? 꿈에서라도 현실의 걱정에서 해방될 수 없는 걸까? 차라리 기억나지 않는 편이 더 나은 꿈만 꾸는 2023년 가을이여! 그래도 오늘은 〈스트릿 우먼 파이터2〉를 볼 것이다. 꿈에서라도 춤꾼이 돼보고 싶어서. Fight! (바다 언니, 사랑해요.)

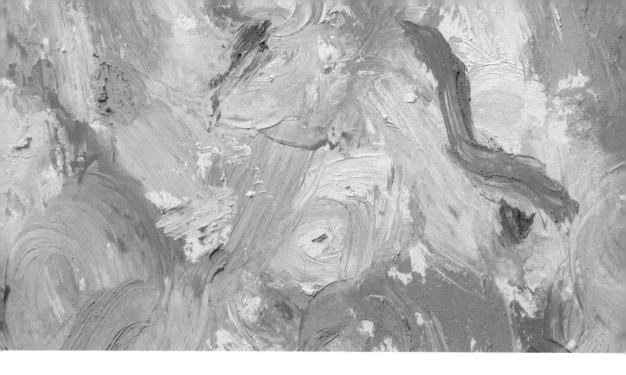

이지은
마치 꿈을 꾸는 기분이야

한때 자주 보던 사이였으나, 그 누구의 잘못도 아니라 그저 그 시절이 우리에게서 지나가 버려 더 이상 보지 못하는 이들이 있다. 그와 나 사이에 연결된 다른 이들이 전혀 없어, 어디서도 소식을 듣지 못하는 사람들. 그들의 안부가 궁금할 때가 있다. 어쩌다 해 질 녘 불어오는 바람이 다르게 느껴지면서 머물고 있는 이 계절이 아쉬워질 때쯤, 혹은 라디오에서 나온 어떤 노래가 불러온 추억 귀퉁이에서 소환되거나, 읽던 책에서 등장인물과 겹쳐 떠오른다거나 할 때면.

그런 사람들이 꿈에나 나와 얼굴을 보여주면 좋겠다고 간혹 생각한다. 실제로 만나면 정말 어색할 테니까. 괜히 우리 사이에 쏜살같이 흘러버린 시간들을 눈으로 분명하게 셈하게 될 테니까. 서로 시선을 피하며 막연한 약속을 내놓은 채 어색한 대화를 마무리할지도 모르지. 아니면 아예 못 본 척 재빠른 걸음으로 지나쳐 버릴지도.

배를 20분쯤 타고 들어가는 서해 어느 작은 섬에서 3박의 여름을 보낸 적이 있다. 짓궂은 장난처럼 '김철썩'이라고 주인아저씨 명패가 붙은 민박집에서, 밤새 소란해도 아무도 신경 쓰지 않는 무인도 아닌 무인도 같은 곳에서, 마음껏 기타를 치고 노래를 부르고 적당한 고립감을 느끼며 애매한 멤버십 트레이닝을 하던 그때.

당시 우린 아무것도 안 하는 걸 두려워하며 뭐든 열심이었다. 그러다 잠시라도 짬이 나면 바다에 나가 서로 물에 빠뜨리고 놀았다. 너나 할 것 없이 크게 웃으며 소리를 질렀고 그런 와중에도 우리는 누군가와 눈빛을 나누고 몰래 손을 잡고 재빨리 놓으며 달아오르는 마음을 지긋이 누르느라 각자 바빴다.

지구가 태양을 스무 바퀴쯤 돌고 나니, 어느새 뱃길은 사라졌다. 해저 터널이라고 알려주지 않았으면 그저 지루한 땅속이라고 느꼈을 도로를 빠르게 달리고 나니 그 섬에 도착한다. 여기저기 건물들이 솟았고 거침없이 초록 사이를 가로지르며 도로는 끝없이 길어졌는데, 그때 그 섬의 쓸쓸한 풍경을 기억하는 나는 "이거 꿈 아니야?"라고 아무에게나 묻고 싶어진다.

어딘가에서 무엇이든 열심일 친구들에게, 사진을 찍어 그때 그 바닷가를 보여준다. 작은 꿈이 피어나 어두운 밤에 말 못 할 사연 있어 내게 빛나네. 귓가에 노랫소리가 점점 크게 들려온다. 모래사장 위 내 키보다 크게 쌓은 장작더미에서 불길이 치솟고 그리웠던 친구들이 목청껏 기타를 치며 노래를 부른다. 까만 벨벳 같은 하늘엔 쏟아질 듯 별이 가득하고 내 손을 놓칠세라 손깍지를 끼고 있는 네가 있다. 나를 향해 환하게 웃으며. 그렇지, 이건 꿈이다. 깨고 나면 너의 온기는 온데간데없이 사라지고 나만 덩그러니 남아 있을 꿈.

손현

꿈은 꿈일 뿐

침대에 눕자마자 금방 잠드는 편이다. 누운 지 3초 만에 잠든다고 해서 한때 별명이 '3초자'이기도 했다. 이런 나도 가끔 꿈을 꾸고, 아주 가끔 그걸 기록한다. 2014년부터 최근 10년 사이 기록한 꿈을 보니, 대체로 '불안'이란 단어가 떠오른다.

먼저 모터사이클을 처음 배우기 시작하며 여행을 준비하던 2014년. 그때는 브레이크를 늦게 잡아 접촉 사고가 난다든지, 주유하는데 휘발유가 사방으로 튄다든지, 내용도 제각각인 꿈을 꿨다. 아마도 자전거를 처음 배웠을 때처럼 두 바퀴만으로 앞으로 나아가는 이 탈것에 익숙하지 않아서였을 것이다. 2015년 모터사이클로 여행하던 6개월 중에도 간혹 꿈을 꿨다. 당시 며칠 전부터 타이어를 언제 바꿀지 고민했는데, 간밤에 타이어가 펑크 나는 꿈을 꾸고는, 그날 바로 앞뒤 타이어와 브레이크 패드를 모두 교체하기도 했다.

여행을 무사히 마치고 돌아온 뒤의 일상은 대체로 평온했다. 대신 내 삶에 큰 변화가 있거나 현재 일하는 곳이 마음에 들지 않을 때, 애써 모르는 체하려는 기분과 불안이 스멀스멀 꿈으로 나왔다. 휴대폰 메모 앱에서 발견한 2018년 4월의 꿈은 이랬다. "재입대하는 악몽을 꿨다. (이 레퍼토리는 평생 반복되는 건가.) 크기를 가늠할 수 없이 큰 배가 있는 항구에서 누군가 나에게 이 배를 타야 한다고 했다. 주변을 둘러보니 성별을 떠나 사회에서 알게 된 다른 동료들도 보였다. '설마 군함은 아니겠지.'라고 생각했는데

우리를 인솔하는 사람들은 모두 군인이었다. 심지어 용모 단정한 사람으로만 골랐다는 느낌이 들 정도로 멋졌다. 신분증 하나 달랑 가지고, 언제 돌아올 기약 없이 이 배를 타야 하나 곤란해하다가 나중에 꿈인 걸 알고는 안도의 한숨을 크게 쉬었다." 참고로 그해 5월에 나는 결혼했다.

가장 최근에 꾼 꿈은 회사 생활의 스트레스가 그대로 반영됐다. "어떤 스타트업의 워크숍 현장. 두렵고 긴장되던 발표를 마치니 대표로 추정되던 사람이 잘했다고 나를 안아줬다. 다 같이 술을 마시며 즐기는 뒤풀이 시간. 어떤 음료수에서 나온 듯한 미러볼 모양의 은색 구Sphere가 회전하며 점점 커지더니, 급기야 그걸 감싸던 두꺼운 유리 상자를 산산조각 내며 '펑' 하고 터졌다. 꿈속의 나는 느낌이 불길하여 얼른 문을 열고 대피하려는데, 그 찰나에 내 등에도 유리 파편들이 튄다. 따갑다. 현장엔 왠지 더 크게 다친 사람도 있을 것 같은데 차마 고개를 못 돌리겠다." 새벽 1시 32분에 악몽을 꾼 채로 깨어났는데, 깬 직후에도 등 전체가 따가웠다. 불이 켜진 거실과 부엌 등을 다시 끄고 잠들었다. 그날은 회의 때 누군가에게 직설적인 피드백을 받은 날이기도 했다.

'꿈은 꿈이지 뭐.' 싶다가도 무의식이 전하는 목소리라는 생각을 종종 한다. 큰 변화를 앞두고 있든, 불안한 상태이든 한 가지 다행인 건 언제나 꿈에서 깨어날 수 있다는 점. 오늘 하루는 별 꿈 없이 푹 잠들길 바라본다.

이재영

다시 아침이 밝아오더라도 잊히지 않을

여름 아침, 구름이 많았고 햇살이 방을 비추고 있었다. 오늘도 끝내주는 악몽 두 편을 꾸고는 아침 눈을 떴다. '오늘만은 늦잠을 자고 싶었는데….' 머리가 지끈지끈한 이유는 꿈에서 생각을 많이 했기 때문이다. 언제부턴가 나는 공포 영화를 만드는 감독처럼 꿈속 주인공의 시나리오를 개편한다. 나는 매일 꿈을 꾸는데, 100편 중 98편이 악몽이다. 악몽을 꾸지 않기 위해 주변 사람들의 말을 적극 수용해 풍수지리 어쩌고를 믿어보기로 했다. 침대 위치를 바꿔보거나, 반대로 눕거나, 침대 프레임을 팔고 토퍼만 사용해 보기도 했는데, 소용없었다. 브레이너 제이의 숙면 여행도 들어보고, 요가도 수행하고, 수면에 도움이 된다는 향기 디퓨저도 사보고, 심지어 전기 코드를 모조리 뽑아 전자파 제로 상태를 만들어보기도 했다. 그럼에도 불구하고 악몽은 계속되었다.
그렇다면 집 문제가 아닐까. 매일 꿀잠을 잔다는 친구의 집도, 좋은 침구류만 쓴다고 소문난 호텔도, 테라스 밖으로 바다가 절경을 이룬 미야코지마의 리조트도 어림없었다. 나의 꿈은 무대와 주연을 바꿔가며 극강의 시나리오가 매일 밤마다 플레이되었다. 꿈 내용은 주로 이렇다. 누군가와 격하게 말다툼하거나, 추격전이 펼쳐지거나, 뛰어내려야 하거나, 재입대하거나…. 분명 무서웠는데 깨고 나면 이상하고 지나치게 웃긴 꿈. 어쩌면 나는 꿈을 여행하고 있는 건 아닐까.
오늘 밤은 어제저녁 비가 억수로 쏟아지던 무렵, 겨우 가늘어진 빗줄기 사이로 선명히 그려진 무지개와 보랏빛 하늘을 추억한다. 올해도 무더위를 갱신한 여름이었지만, 이토록 멋진 무지개를 본 건 처음이었다. 비와 여름이 만나 이루어진 아름다운 장면이었다. 오늘 밤도 악몽이 기다리고 있겠지만, 오늘 밤은 다시 아침이 밝아오더라도 잊히지 않을 꿈으로 기억되길 바란다.

김상민

고독의 세계

우리 모두 일정량의 외로움을 품고 산다. 시선을 내면으로 옮기면 마치 밀물과 썰물처럼 움직이는 외로움이 감지된다. 물론 사람마다, 그리고 삶의 지점마다 끌어안은 고독의 크기는 제각각이다. 인지조차 어려울 만큼 미미한 시절이 있는 반면, 외로움에 잠식돼 술 없이는 잠들지 못하는 밤도 존재한다. 하지만 결국 하나의 사실로 귀결된다. 우리는 가끔, 자주 그리고 지금 아니면 어느 과거, 혹은 미래 언젠가 외로웠고 외롭고 외로울 것이다.
다만 나이 들며 고독의 감정과 더 과감히 마주할 수 있게 된다. 다행인지 불행인지의 판단은 나중으로 미루기로 한다. 외로움에 몸부림치는 일이 줄어 다행인가 싶다가도, 이 무뎌짐이 강인함보단 익숙함에서 기인한 변화란 사실에 담담히 서글퍼진다.
그럼에도 여전히 지독하게 외로운 순간이 있다. 꿈을 꾸고 눈뜬 순간, 휘발되는 기억을 겨우 이어 붙여 이해 가능한 서사의 상태로 남겨둔 순간, 그러나 그걸 나눌 이가 없을 때의 고독함이다. 그때는 많이 외롭다. 화자만 존재하는 꿈은 매번 쓸쓸하게 망각의 영역으로 사라진다.
반대편 기억으로 가본다. 꿈 대신 외로움을 망각하던 순간으로. 그건 서로가 "잘 잤어?"고 시작해 "잘 쳐."[로]
인사로 끝맺는 하루 속에 있다. 하루의 시작과 끝을 함께 여닫으며 인사 나누는 사이, 나는 사랑으로 결속된 관계를 그리 정의해 본다. 비록 물리적으로 떨어져 있다 한들, 그것은 단단히 연결된 마음이자 공존이며 각자의 자리에서 동거하는 삶이다.
물론 수면의 세계는 그 공고한 연결을 잠시나마 끊어낸다. 잠은 태초부터 모든 인간에게 부여된 혼자만의 시간이기에. 그래서 꿈은 철저히 나 혼자 축조하는 세계다. 사랑하는 이의 손을 붙잡고 잠들지언정, 꿈은 나머지 한 손으로 헤엄치며 홀로 나아가는 발걸음이다.
고독의 세계 문턱에서 우리는 잘 자라는 말로 사랑하는 이를 배웅한다. 마지막의 마지막까지 함께하고 싶은 따스한 마음이다. 반대로 잘 잤냐는 인사와 함께 사랑의 대상이 홀로 지나온 고독의 시간을 보듬는다. 동시에 함께하는 세계로 돌아왔음을 일깨우고 환영한다.
꿈은 매번 사람을 외롭게 한다. 반면 외로움을 희석하기도 한다. 나 자신을 감싸고 있는 외로움의 밀도를 나는 꿈에서 벗어난 순간마다 직감한다. 내일 아침도 부스스 눈뜰 것이다. 여러분도, 나도 그 순간이 조금은 덜 외롭길 빈다.

이주연

잠의 다림질

눕기만 하면 바로 잔다. 어젯밤에도 그랬다. 아빠랑 여행 계획 짜면서 맥주 한 캔을 나누어 마셨는데, 먼저 다 마신 아빠가 잠시 쓰레기 비우러 나간 사이 곯아떨어졌다. 사실 눕기만 하면 자는 것도 아니다. 앉아서 원고를 쓰다가도 자고, 책을 읽다가도 잔다. 전철이나 버스에서도 잔다. 서서 자다가 무릎이 꺾여 넘어지거나 쥐고 있던 소지품을 바닥에 떨어뜨리고 사람들 이목이 집중돼 얼굴이 빨개지는 일도 잦다. 바쁘다는 이유로 지나치게 못 잔 어떤 시절에는 걷다가도 잤다. 대단히 깊이 쿨쿨 잠이 든다기보다는… 몇 초 만에 꿈뻑 잠이 든다. 말 그대로 걷다 졸아버리는 것이다. 나의 잠은 이토록 심상치 않다.

토막 잠도 잘 자고, 긴긴 잠도 잘 자는데 꿈이랑은 별로 친하질 않다. 사람은 잠잘 때 언제나 꿈을 꾼다고 하는데, 난 눈 떴을 때 기억에 남는 일이 거의 없다. 그래서일까, 주변 사람의 꿈 이야기를 수집하는 것은 재미있다. 사람들의 꿈은 다채롭다. 꿈 이야길 들으면서 "너, 어제 이러저러한 일 있어서 그런 꿈 꾼 거 아냐?" 하고 추리하는 것도 재미있고, 너무 현실 그대로라 어이없는 꿈도, 기이하고 이상해서 얻다 사연이라도 보내고 싶어지는 꿈도 재미있다. 그런데 문득, 이상한 점을 발견했다. 다들… 꿈에 사람이 나오는 거야? 내 꿈엔 대체로 사람이 없다. 어쩌다 나오더라도 보통은 모르는 사람이다. 그래서 아는 사람이 꿈에 나오면, 그걸 기억하는 아침이면 머리가 멍하다. 내 꿈에 왜 나온 거야? 하고 싶은 말이 있는 거야?

사람과 가볍게 만나는 걸 즐기지 않는다. 사람이 싫은 건 아닌데 내 이야기가 멋대로 왜곡되거나 오해 받는 상황이 어렵다. 혹시라도 오해할까 봐 대화보다 해명하는 데 더 많은 신경을 쓴다. 혹자는 나에게 지나치게 세심(소심)하다고, 아무도 그렇게 생각하지 않는다며 웃지만 나는 대체로 마음이 작고 자주 떨린다. 더 조심스럽게, 더 친절하게, 더 섬세하게 말하고 싶다. 그래서 많은 이야기를 하는 날이면 곰곰 되짚게 된다. 사람을 만나 이야기하는 시간보다 그 말들을 하나씩 톺아보는 시간이 더 길어진 때부터 사람 만나기가 어렵다고 생각하게 됐다. 그래서인가, 꿈에서라도 사람을 만나면 자꾸 돌아보게 된다. 나 무슨 말했지? 내가 혹시 (꿈이지만) 기분 상하게 하진 않았을까? 요즘 유독 마음이 작아진 걸 보니 내 어딘가가 살짝 찌그러진 것 같다. 마음의 구김을 말끔하게 펴기 위해선 잠을 자야 한다. 나는 얼른 이불 속에 파고 들어 '야빵이'를 찾는다. 10년째 끌어안고 자는 보들보들하고 멍하게 생긴 팬더 인형. 이 녀석을 꼭 안고 잘 자면 물 먹은 화분처럼 활짝 피어나겠지. 내일 아침은 좀더 반드러워지자!

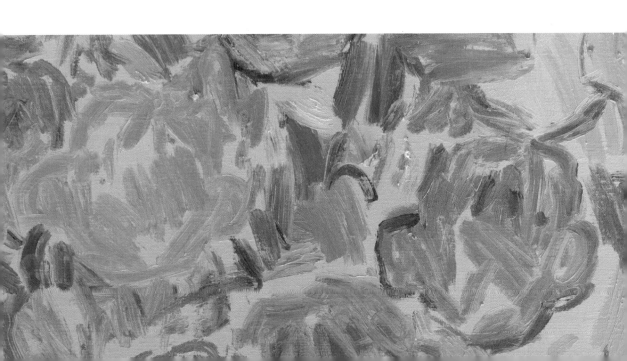

나른한 햇살이 쏟아지는 오후, 정지된 풍경처럼 모든 것이
평화로워 보이는 옥인동 한편에서 노란 현관문을 두드렸다.
곧이어 문을 연 민용준·이주연 부부는 우리에게 인사했다.
"어서 오세요." 시네밋터블이라는 이름으로 영화를 말하고
요리를 내어주는 이들은 얼마나 많은 손님에게 말간 얼굴로
인사를 건넸을까. 익숙하고 뻔하던 인사말이, 낯선 방문객에게
기꺼이 문을 열어준 인사말이 유독 다정하게 들렸다.

우리 집으로 어서 오세요

민용준·이주연—시네밋터블

에디터 이명주
포토그래피 김혜정

초대해 주셔서 감사해요. 여기가 옥인동이죠? 골목들이 아름답더라고요.

용준 오시는 데 힘들지는 않으셨어요? 길을 찾기 어려웠을 텐데. 옥인동에서도 안쪽에 자리한 연립 주택이라서요. 올라오면서 보셨겠지만 여기는 3층이 가장 높은 층이라, 바깥으로 보이는 동네 풍경이 색달라요. 저기 보이는 게 인왕산 범바위인데요. 그 주변에 조그맣게 움직이는 건 전부 등산객이에요. 밤에는 인증 사진을 찍거나 길을 찾느라 플래시가 번쩍이는데 그걸 보는 것도 나름 재미있죠.

어? 저기 어둠 속에 고양이가 있네요. 눈이 마주쳤어요.

주연 이 집에서 6년 넘게 함께 산 '구니니'예요. 부쩍 건강이 안 좋아져서 병원에도 가고 수술도 했더니 기운이 살짝 없어요. 아마 지금은 사람들이 북적거리니 무슨 상황인지 궁금한 것 같은데, 눈을 보니 편안한 상태네요. 조금 있으면 슬렁슬렁 걸어 나올 거예요.

이야기를 나누면서 구니니를 기다려 볼까 봐요. 먼저 간단하게 인사해 주실래요?

주연 저희는 옥인연립을 고쳐서 살고 있는 부부이자 '시네밋터블Cinemeetable' 운영자예요. 저는 프리랜서 에디터로 주로 미식 관련 기사를 쓰고, 남편은 영화 저널리스트이자 칼럼니스트로 활동하고 있어요. 아, 그리고 구니니의 집사이기도 하네요.

용준 구니니의 소개도 할까요? 이 근처에 청와대가 있었다 보니 군인아파트가 가까운데 그곳에서 발견된 고양이였어요. 임보를 하던 친구네서 데려와 여태껏 지내고 있죠. 사람은 별로 무서워하지 않는데 고양이들에게는 겁을 먹어요. 아마 누군가 집에서 키우다가 내보낸 것 같은데 그때 길고양이들에게 치였나 봐요.

잠시 둘러보니 영화 관련 굿즈들과 큰 테이블이 먼저 눈에 띄네요. 여기가 영화와 요리를 나누는 시네밋터블의 장소구나 싶었어요.

용준 물건이 많죠? 시네밋터블이 영화에 대한 해설을 들려주고, 영화 속에 등장한 음식을 먹는 프로그램이다 보니 이름도 영화의 'Cine'와 음식을 먹는 공간인 'Table'이 만난다는 뜻이에요. 가능성의 의미를 더하고 싶어서 'Able'에도 방점을 찍었는데요. 이 집에서 여러 사람이 모이면 재미있는 대화와 일들이 벌어질 것 같았어요. 실제로도 그랬고요.

주연 2020년 2월부터 지금까지 58회 정도 했더라고요. 첫 해에만 50번 가까이 열렸던 것 같아요. 코로나19가 심했던 시기에는 중단했다가 올해 들어 다시 조금씩 문을 열어두는 중이에요.

그럼 영화는 용준 씨가, 요리는 주연 씨가 맡아서 진행하는 거예요?

용준 맞아요. 1부와 2부로 나눠진 셈이죠. 1부는 제가 시각적 자료를 활용해서 영화 해설을 하는 시간이에요. 신청 받을 때 감독과 영화, 요리를 공개하기 때문에 다들 영화를 본 후 관련된 이야기를 들으러 오시는 건데요. 그에 맞춰 세심한 해설을 하는 편이라 길 때는 1부만 해도 세 시간이 넘어요.

세 시간이요? 대학교 수업도 한 시간 반이면 쉬는 시간을 주는데요….

용준 저도 모르게 그렇게 되더라고요(웃음). 이제는 짧게 이야기하면 생각보다 그렇게 길지 않았다며 아쉬워하는 분들도 계세요. 물론 화장실은 맘 편히 가시게 하고요.

주연 1부가 진행될 때, 저는 주방에서 요리를 하고 있어요. 맛있는 냄새가 거실로 새어 나가다 보니 해설 듣는 분들이 힘들어하시기도 해요. 이후에 주방으로 오시라고 부르면, 다들 엄청 행복한 얼굴로 식탁에 모여 앉아 맛있고 빠르게 식사를 마치세요. 2부에서는 좀더 편안하게 이야기를 나누는 분위기를 만들고 싶어서 식사 후에 술이나 디저트 같은 것도 내어드려요.

용준 지금 생각해 보니 저는 아내의 시간을 클라이맥스로 만드는 역할이었네요.

주연 사실 1부는 2부를 위한 예열 단계라고 생각해요(웃음).

그런 비밀이 있었군요(웃음). 사적인 공간에 낯선 사람들을 초대한다는 게 쉽지만은 않았을 것 같아요.

용준 물론 두려움이 있었죠. 오는 분들의 연락처와 이름만 알거든요. 그래도 수십 번 하다 보니 세상에는 좋은 사람이 훨씬 많다는 걸 알게 됐어요. 같은 취향과 마음으로 모였다는 믿음의 벨트라고 할까요? 누군가를 부른다는 것에 대한 두려움을 내려놓으니, 프로그램 자체에 대한 고민이 들더라고요. 오라고 한들 사람들이 돈을 내고 와줄까 싶었고 우리가 준비한 것들이 만족스럽지 않을까 봐 걱정됐어요.

주연 음, 그런데 저는 누구든 와줄 거라는 확신이 있었어요.

두 분이 다른 생각이었네요.

주연 저와 남편이 친한 사람들끼리 모여 맛있는 음식 나누면서 대화하는 걸 좋아해요. 이 집으로 이사 온 뒤부터 친구들을 집에 불러서 시간을 보냈는데요. 저희가 준비한 공간과 시간을 정말 좋아해 줬어요. 소셜 다이닝을 해보고 싶던 터라 이게 단순한 만남이 아닌 의미 있는 모임이 되면 어떨까 생각했죠. 게다가 남편이 영화 기자니까 설명과 함께 영화 속 요리를 먹으면 좋겠다는 기획도 바로 떠올랐고요. 딱 한 가지 고민은 이 사람이 해설을 하긴 하는데 잘하는지 알 수가 없었어요. 가족이 일하는 모습을 지켜볼 일이 없잖아요.

용준 저를 못 믿었던 거죠(웃음).

주연 그랬나 봐(웃음). 그러다가 우연히 지인이랑 남편의 해설을 들으러 가게 된 적이 있어요. 부끄러우니까 제일 끝자리에서 앉아서 혹시 실수하는 건 아닌지 조마조마하게 지켜봤죠. 그런데 어땠는 줄 아세요? 끝날 때 완전히 몰입해서 엉엉 울면서 나왔어요. 다음 날 바로 이야기했죠. 시네밋터블 해보자고.

어쩌면 동업이라고도 볼 수 있을 텐데, 부부가 함께 일하는 건 어떤가요?
주연 우리 집에 그냥 놀러 오는 분들이 아니라, 정당한 금액을 내고 무언가 얻기 위해 오시는 분들이니 서로 더 깐깐하게 굴게 돼요. 각자 맡은 부분을 잘하는지 불신과 검증이 오가거든요. 서로 피드백도 정확하게 주는 편이에요. 끝없이 의심하고 경쟁하고….
용준 똑바로 하고 있는지 감시하고… 많이 투닥거리죠. 가장 중요한 건 서로를 믿지 않는 거예요.

두 분만의 '티키타카'가 오가네요(웃음). 시네밋터블 소재를 선택할 때 기준이 있나요?
용준 마냥 대중적인 작품을 고르기보단 이 영화에 대한 이야기를 듣고 싶어 할지가 가장 중요해요. 아무리 재밌게 봤어도 해설이 필요 없는 경우도 있고, 생각보다 별로인데 무슨 의미인지 너무 궁금할 수도 있어요. 후자는 영화가 나쁘다기보다 나한테 메시지가 와닿지 않아서, 좋아하는 방법을 알지 못하기 때문일지도 모르고요. 해설을 들으면 영화를 바라보는 시야가 훨씬 넓어져요.

알면 알수록 보이는 게 많아지는 것 같아요.
용준 사실 영화 속 의미 같은 거 모르고 살아도 삶에 문제없잖아요. 하지만 이런 재미를 깨닫고 나면 즐거움이 커져요. 이 감독을 흥미롭게 바라보면 저 감독은 어떨지 궁금해지고, 재미가 하나씩 늘어나는 거죠. 이건 세상을 보는 관점에도 적용된다고 생각해요. 무언가를 파고들어 볼수록 평소에는 잘 몰랐던 나에게 접근할 수 있는 계기가 되어요.

무궁무진한 세계네요. 주연 씨는 수십 편의 영화에 등장하는 요리를 만들었는데 유독 기억에 남는 게 있어요?
주연 박찬욱 감독의 〈아가씨〉(2016)를 다뤘을 때가 떠올라요. 조진웅 씨가 맡은 코우즈키가 실은 조선인이면서 일본인인 척 사는 인물이었는데요. 입맛은 여전한지 평양냉면을 먹어요. 그 장면이 인상 깊어서 난생처음 만들어 보기로 했죠. 유명한 노포들이 내는 맛을 구현하기는 어려우니, 실제로 평양에서 먹듯 동치미 국물에 고기 육수를 섞기로 했고 그렇게 매주 동치미를 담갔어요. 모든 동치미의 맛이 일정해야 하니까 종갓집 며느리처럼 '씨 국물'을 남겨두고 만들고 또 만들고. 〈도전 요리사!〉 같은 가상 프로그램을 찍는 기분이었달까요?

매주 똑같은 맛의 동치미라니, 고된 일을 해내셨어요. 시네밋터블에는 주로 어떤 분들이 오세요?
주연 영화를 좋아하거나 먹는 걸 좋아하거나, 또는 둘 다 좋아하거나예요. 캐릭터가 뚜렷한 프로그램이다 보니 기호가 중요하거든요. 한편으로 신기했던 건 생각보다 집이 궁금해서 오시는 분들도 많았다는 거예요. 사실 집에 대한 애정이 조금 식어가고 있었어요. 오래 살기도 했고 익숙한 구조를 바꾸는 걸 좋아하거든요. 제가 바라보는 집은 항상 똑같은데, 사람들이 오면 낯선 장면을 발견해 주니까 공간이 새롭게 보였어요. 이제는 오히려 더 좋아하게 된 것 같아요.

여기선 언제부터 지낸 거예요?
주연 2017년도 봄이었어요. 신혼집이 근처에 있었는데 햇빛이 잘 안 들었어요. 마침 프리랜서를 시작했을 때라 집에 하루 종일 혼자 있었거든요. 빛이 안 드니까 음침하고 습한 기운이 돌더라고요. 동굴 같은 집을 나와서 또 구렁이 같은 골목을 내려오는데, 갑자기 누가 조명을 켜놓은 것처럼 거리에 햇빛이 환하게 비추는 거예요. 그 햇빛 조명 아래 이 연립 주택이 있었죠. 이사 오고 싶은 마음이 굴뚝같아서 매물이 나오면 남편을 설득해서 함께 보러 왔어요. 흑심을 품고 있지만 "구경에는 돈이 안 들잖아!" 하면서요.
용준 처음에는 이사를 반대했어요. 주택이 1979년에 지어진 이후로 한 번도 고친 적 없고 한동안 사람도 살지 않았대요. 여기저기 다 녹슬고 고리로 여닫는 창문은 뒤틀려 있고 바닥은 새까맸어요. 집을 거의 새로 짓듯 고쳐야 했죠. 아내가 공간을 구성하고 채워 넣는 걸 좋아하는 사람이라 저를 연신 설득했고, 결국 넘어갔어요(웃음). 아까도 말했지만 3층이 꼭대기 층이라 천장을 더 높일 수 있거든요. 그래서 최대한으로 올리고 벽 대신 책장으로 공간의 경계를 만들어서 답답함을

해소했어요. 주방 한편에 달려 있던 작은 방을 없애고
베란다를 터서 넓게 만든 덕분에 시네밋터블을 하는
커다란 테이블도 들어올 수 있었죠.

**설득에 넘어간 덕분에 아늑한 두 분의 공간이 탄생한
거네요.**
용준 그렇죠. 집 현관문을 노란색으로 칠했는데 저는 그게
가장 마음에 들어요. 보통은 세월의 흔적이 보이지 않도록
짙은 색을 칠하잖아요. 일반적인 생각을 뒤집는 밝은
노랑이라 경쾌하게 느껴져요.
주연 저는 집 안에서 보는 바깥 풍경을 좋아해요. 계절마다
달라지는 자연의 빛깔을 볼 수 있거든요. 근처에선
보기 힘든 두충나무 자태나 인왕산을 오르는 사람들도
귀엽고요.
용준 근데 생각해 보니까 우리 둘 다 집 바깥만 좋아하고
있잖아?

**(웃음) 어쨌든 이곳에 살기 때문에 느낄 수 있는 거겠죠?
집에서 시네밋터블이 끝난 상황을 상상해 볼게요. 어떤
모습인가요?**
주연 손님들이 다 가시면 둘 다 일단 소파에 널브러져요.
무사히 끝냈다는 안도감에 에너지도 바짝 썼으니, 힘을 쫙
풀고 잠시 멍하니 쉬죠. 남편과 오늘은 어땠는지 이야기를
나누다가 주방으로 돌아가 뒷정리를 하기 시작해요.
설거지며 청소거리가 잔뜩 쌓였으니까요. 이런 부분은
고되어도 할 때마다 즐겁고 신나요. 한 번 오신 분들이
다시 방문해 주시면 기쁘고, 시네밋터블에서 만나 가까운
사이가 되기도 해요. 어떤 날은 새벽 세 시까지 먹고
마시며 수다 떤 적도 있을 정도로요. 이외에는 남편과 단골
바에 가서 회포를 풀기도 해요.

**이쯤 되니 용준 씨와 주연 씨의 인연이 궁금해져요.
어떻게 처음 만났어요?**
용준 같은 회사를 다녔어요. 서로 다른 부서에서 소속팀의
매거진을 만들던 때라 자세히는 몰랐어요. 그러다 우연히
팀끼리 같이 술을 마시면서 처음으로 인사하게 됐죠. 근데,
정말로 안 맞더라고요(웃음).
주연 다시는 술 같이 안 먹어야지 싶었어요. 너는 오늘이
끝이다!

아니, 무슨 드라마 같은 만남인데요?
주연 그땐 그랬어요(웃음). 이후에도 몇 번 더 같이 술
마시게 돼서 이를 갈면서 나갔는데, 얘길 좀더 해보니까
그렇게 이상한 사람은 아니라는 생각이 든 거죠. 남편이
먼저 만나자고 해서 3년 정도 연애하고 결혼했어요.

용준 그땐 우리가 결혼한다는 것도, 회사를 나온다는
것도 예상하지 못했지만 둘 다 에디터에 프리랜서라서
좋은 점이 있어요. 에디터 일이라는 게 어찌 보면 굉장히
불규칙한 생활인데, 일상의 오르내림을 서로 이해해 줄 수
있으니까요. 지금까지 잘 지내는 걸 보면 다른 누구보다
함께 있을 때가 가장 재미있나 봐요.

**지나온 시간에 대한 이야기를 더 해볼게요. 용준 씨는
영화라는 분야에 집중하게 된 계기가 있나요?**
용준 기자로 처음 일한 곳이 영화 웹진이었어요. 그러다
보니 리뷰 기사를 쓰거나 감독과 배우 인터뷰를 자주
하게 됐죠. 배운 도둑질이라고 할까요? 열심히 배우고
체득했으니까 어떤 일을 맡더라도 자연스레 관심이
가더라고요. 저한테는 붙잡을 수 있는 무기이자,
일의 코어가 영화였던 거죠. 《ELLE》나 《Esquire》
같은 패션지에서 피처 에디터를 할 때는 라이프
스타일과 트렌드를 다루는 기사도 썼어요. 패션지에서는
완전히 낯선 일이었던 촬영 디렉팅도 했는데, 너무
어려워서 그걸 굳이 내가 해야 할까 하는 건방진
생각도 했어요. 참 신기한 게, 낯선 시도가 쌓일 수록
세상을 바라보는 관점이 넓어지더라고요. 영화의 세계를
이해하는 데도 도움이 돼서 그때부터는 즐겁게 했던 것
같아요.

어떤 경험과 시도든 나중에 도움이 될 때가 오나 봐요.
용준 그럼요. 예전에 서빙 알바를 오래 했는데, 그것도
시네밋터블에 도움이 돼요. 한 손에 트레이를 얹고 많은
요리 접시들을 안전하게 옮길 수 있거든요. 나를 해치지
않는 경험이라면 언제든지 해봐야 한다는 마음이에요.

**《어제의 영화. 오늘의 감독. 내일의 대화》를 쓰셨죠.
열세 명의 감독과 나눈 인터뷰를 상당한 분량으로 담은
책이에요.**
용준 저에게 좋은 영화는 좋은 꿈 같아요. 엔딩 크레디트가
올라가고 극장에서 나올 때 아쉽다는 마음이 들잖아요.
기분 좋은 꿈을 꿀 때 깨고 싶지 않다는 감정과 비슷한
것 같아요. 그 여운이 저를 영화 바깥으로 이끌어서
그걸 만든 사람의 시선이 궁금해져요. 맛있는 음식을
먹으면 요리사가 궁금해지듯이요. 만든 이와 대화를
나누면서 중심에 무엇이 있는지를 확인해 보고, 함께
의미의 원점으로 가보는 거죠. 그래서 인터뷰라는 방식을
선택하게 됐어요. 아시겠지만 인터뷰는 참 지난한
작업이에요. 준비에는 품이 많이 들어가고, 지금처럼
촬영까지 하면 해야 할 일이 산더미죠. 주변 사람들과
소통도 긴밀해야 하니, 영화로 따지면 프리프로덕션부터

포스트프로덕션까지 해내는 거예요. 게다가 섭외는 또 얼마나 녹록치 않은가요.

(고개를 끄덕이며) 이번 인터뷰에 흔쾌히 참여해 주셔서 진심으로 감사했어요.

용준 지금껏 쌓아온 업보가 있어서요(웃음). 그런데도 불구하고 인터뷰를 하는 이유가 무얼까 고민해 봤는데요. 이건 나와 저 사람의 대화를 통해 탄생한 작업물이잖아요. 다른 누군가가 똑같이 할 수 없는, 나만이 해낼 수 있는 고유함이 존재하는 거죠. 직접 대면한다는 것도 매력적이에요. 보이지 않는 상태에선 전해지지 않는 온도가 마주하면 바로 와닿으니까 귀한 시간이에요. 눈을 마주 보고 이야기를 해야 말의 의도가 분명해지고 공감도 진심으로 해줄 수 있고요.

인터뷰가 고유하고 귀중한 대화라는 말에 공감해요.

용준 여담이지만 예전에는 "이번 인생은 망했다!"라는 말을 진심 반쯤 담아서 내뱉곤 했어요. 그때는 정말 그런 기분이었거든요. 이 책을 내면서 자주 하던 말에 대해 다시 생각해 보게 됐어요. 존경하는 열세 분의 감독님이 호의를 갖고 시간을 내어주었는데, 아무렇게나 가벼운 말을 하는 인터뷰어가 되고 싶진 않았어요. 이제는 그런 말을 일절 안 해요. 이 책이 영화를 좋아하는 사람에게만 초점을 맞춘 건 아니거든요. 모든 거장들, 잘 만든 영화를 세상에 내보인 감독들도 저마다 고민이 있고 자기만의 방식으로 풀어갔다는 시선으로 읽어주셨으면 좋겠어요.

이번에는 주연 씨 이야기도 들려주세요. 용준 씨보다도 먼저 프리랜서 생활을 시작했죠?

주연 맞아요. 저는 익숙한 걸 별로 좋아하지 않아요. 새로운 걸 도전하고 시도해 보는 게 재미있는 사람이에요. 회사 생활을 하면서 한 매체에서만 말을 짓고 콘텐츠를 만들다 보니 반복적인 일상이 되어버렸어요. 아무리 새로운 기획을 해도 다람쥐가 쳇바퀴를 돌리는 느낌을 지울 수가 없었죠. 퇴사 후에 다양한 일을 주도적으로 해보기로 마음먹고 제가 좋아하고 잘하는 것들에 집중하고 있어요.

그렇게 해서 알게 된 좋아하고 잘하는 것은 무엇인가요?

주연 새로운 걸 기획하는 거요. 그건 회사에 속해 있을 때부터 알고 있었던 것 같아요. 예를 들어 편집장이나 동료들이 촬영 기획 하나를 이런 방식으로 할 수 있겠냐, 너무 어려울 것 같다고 하는데, 그냥 제가 캐리어에 도움이 될 만한 것들을 다 챙겨서 취재 나가곤 했어요. 주어진 상황에 가진 것을 더해서 최대한 참신하고 완성도 높은

콘텐츠를 만들기 위해 노력했던 거죠. 이후에는 그게 시네밋블로까지 이어졌다고 생각해요. 작게는 집이라는 공간을 채울 때부터 크게는 우리 둘만의 프로그램 구성과 진행까지, 기획하고 실행하는 일이 즐거웠어요.

책을 만드는 일과 공간이나 프로그램을 기획하는 일은 조금 다르게 보이는 데요.

주연 제 시선에선 전부 같아요. 후자는 피부로 만진다기보다 분위기로 체감하는 것이라 더 입체적이고 레이어가 많을 뿐이죠. 아이디어를 구상하고 거기에다 살을 붙여가며 완성물을 만드는 건 모든 일에 필수적인 과정이니까요.

요리하는 건 원래부터 즐겼는지 궁금해요.

주연 끼니를 챙겨야 하니 요리는 자주 했어요. 식사 시간마다 새로 만든 음식을 먹는 걸 좋아하거든요. 잘 차려 먹고 싶은 날에는 풍미를 생각하면서 어울릴 만한 술이나 디저트를 곁들이고, 예쁜 식기에도 담아요. 제가 음식을 차려야 가족들, 시네밋블에 와준 손님들이 공간을 더욱 밀도 높게 즐기고 행복해지잖아요. 저한테 그런 능력이 있고, 능력을 쓸 기회가 있다는 데서 요리가 자존감을 높여주는 것 같아요.

생각해 보면 영화와 요리 모두 취향이 중요한데요. 두 분의 취향은 비슷한가요?

주연 예상하셨을지도 모르지만 하나도 안 맞아요(웃음). 저는 매 끼니 다양한 음식을 만들어서 먹고 싶은데 남편은 간단한 밑반찬만 있어도 잘 먹어요. 제가 음식이 주는 행복을 안다면 남편은 음식이 주는 효용성을 우선으로 생각하나 봐요. 영화도 옛날에는 봉준호 감독이나 박찬욱 감독의 작품은 잘 안 봤어요. 시네밋블을 시작한 뒤에 남편한테서 귀동냥 얻으며 다시 꼼꼼히 보니, 잔혹한 것 같던 이야기가 절절한 연애 스토리로 와닿더라고요. 그동안 편협한 취향을 갖고 있던 게 아닐까 싶어서, 감독들의 매력을 재발견하는 건 취향이 달라서 얻는 장점같아요.

생활 패턴은 어때요? 마감에 맞춰 일상을 조절해야 하잖아요.

용준 마감이 다가오면 하루 종일 일해야 하잖아요. 잠을 양보하고 일에 온 정신을 쏟기도 하고요. 예전에는 잠이나 휴식이 부족할 때 애가 탔다면 이제는 오늘 하루 잠을 좀 못 잤더라도 '뭐, 내일 자면 되지.' 하며 심각하게 생각하지 않아요. 그래도 밤은 절대 안 새우려고 해요. 마흔이 넘으면서 하루만 날을 꼬박 새워도 여진이 2~3일을 가는

것 같거든요. 이어진 일정에도 영향을 주고요. 규칙적인 수면 패턴을 갖고 있진 않지만 이거 하나는 꼭 지키려고 해요.

주연 일이 많을 땐 하루 24시간 내내 둘이 집에 있지만, 누구에게 맞추지 않고 각자의 일상으로 지내요. 저는 마감 기한을 꼭 지키는 편이라 그 전까지는 무리할 때도 있는데요. 기한을 지키는 게 상대방을 위한 이유도 있지만 누군가를 기다리게 한다는 것 자체가 견디기 힘들어요. 그런 면에서는 남편이 느긋한 것 같아요. 일정을 최대한 맞춰서 진행하되, 변수가 생겨도 크게 부담을 느끼진 않거든요.

그렇군요. 평소에 잠은 잘 주무세요?

용준 누웠을 때 무리 없이 잠드는 건 하루에 무얼 했느냐가 많은 영향을 준다고 생각해요. 가끔 잠이 안 온다는 느낌을 받을 때도 있거든요.

주연 덜 고생한 거 아닐까(웃음).

용준 그렇게 나오겠다 이거야? 아무튼 예전에는 늦게 일어나면 죄책감이 들었어요. 무조건 아침부터 하루를 시작해야 할 것 같은, 그렇지 않으면 삶을 낭비하는 사람이 된 것 같은 기분 있잖아요. 이제는 낮과 밤의 시간을 대부분의 사람이 아닌 나의 기준에 맞춰서 이끌어요. 늦잠 자도 부끄러운 기분 없이 푹 자고 일어나면 돼요.

이제는 언제 일어나느냐가 성실성의 기준이 아닌 거네요. 일상에서 지키는 원칙이 또 있을까요?

용준 아침에 꼭 청소를 해요. 집에서 머무르는 시간이 긴데, 아침부터 곳곳이 어질러져 있으면 마음이 불편하더라고요. 깔끔하지 못한 부분이 자꾸 시야에 들어오니까 거슬리고요. 어쨌든 내가 지낼 공간이라면 무심하게 방치하거나 자포자기한 느낌이 들지 않도록 청소라도 돌려요. 일상의 나사를 조이는 행위같은 거죠.

주연 그리고 올해 초부터는 아침 식사를 하기 전에 식전 채소를 먹고 있어요. 샐러드를 포함한 생채소나 가볍게 드레싱을 뿌릴 때도 있고, 찌거나 굽기도 해요. 식이섬유가 많은 채소를 먼저 섭취한 후에 식사로 단백질이나 탄수화물 등을 조화롭게 먹는 게 몸에 좋대요. 저희가 열두 시 정도 되어야 첫 끼니를 먹거든요. 계속 공복으로 있다가 수분이 많은 잎채소를 아삭아삭 씹으면 스트레스도 풀리고 피로 회복도 되는 느낌이에요.

일어나서 처음 먹는 거라 식감이나 맛이 더 예민하게 느껴지나 봐요. 쉬실 땐 무얼 하세요?

용준 쉴 때는… 아무것도 하지 않는 게 최고죠. 약속이나 일로 외출하는 게 아니라면 집에 있는 걸 좋아하거든요.

한번은 일 하느라 일주일 동안 아예 안 나간 적도 있어요.
요즘에는 그것보단 좀더 움직이면서 에너지를 소비해
보려고 하는데, 걷기가 제일 만만해서 아내 따라 밤마다
산책을 다녀요. 그동안은 걷는 걸 비효율적인 행동이라
생각했었거든요. 그런데 동네 이곳저곳 밤 산책을 나서니
매일 지나는 거리도 새롭게 보이더라고요. 에디터는 일상
속 사소한 것도 붙잡아 하나의 소재로 활용하곤 하니까,
저한테 휴식이자 큰 영감이 되어줘요.

**가만 보니 집에서 놀고 일하고 만나고, 모든 게
이루어지네요.**
주연 가장 나답게 있을 수 있는 공간이라서 그런가
봐요. 모임을 주최한다고 하면 저를 외향적일 거라
기대하시는데, 내향적인 성향이 강한 사람이거든요.
평소라면 제 이야기 하는 걸 조금 부끄럽게 여겼을 텐데,
집과 시네밋터블은 다 제 손을 거쳐 간 것들이니까 하나도
어색하지 않아요. 익숙하니까 오히려 더 자연스럽게
나오는 것들도 있을 거고요.

**집만 있다면 무엇이든 해낼 두 분께 앞으로 꿈꾸는
일상이 있다면요?**
용준 집에서 이것저것 하는 사람들이다 보니, 이곳에서
탄생한 무언가가 집의 의미를 나타내기도 해요. 인터뷰를
모은 제 책도, 우리의 시네밋터블도요. 이 집을 생각하면
함께 떠오르는 증거 같은 물건 하나를 더 갖고 싶은데 아마
책이 아닐까 싶네요.
주연 저는 시네밋터블을 더 자주 열고 싶어요. 만남에
제한이 사라졌으니 많은 분들과 함께 즐거운 시간
보내고 싶거든요. 구니니에게 애정을 보내주시는
분들도 만나고요.
용준 그래, 그러려면 이제는 좀 덜 싸우고 잘 지내보자.
(일동 웃음을 터뜨린다.)

시네밋터블의 테이블 둘러보기

1.

3.

2.

4.

1. 〈벌새〉(2019)
김보라 감독의 데뷔작 〈벌새〉와 초기 단편 영화로 그의
세계를 탐구한다. 이어진 식사에서는 실타래 감자전과
제철 솥밥, 4색 장조림, 홈메이드 멍게 젓갈을 대접한다.
'구름아양조장'의 한정판 천도복숭아 술 '사랑의편지'까지
곁들이면 완벽한 영화의 만찬이 된다.

2. 〈아가씨〉(2016)
〈아가씨〉를 비롯한 박찬욱 감독 작품 해설에 진한 육향이
풍기는 가정식 냉면을 더했다. 영화에도 등장한 쑥떡과
막대사탕을 웰컴푸드로 제공하고, 오니기리에 사케 한 잔을
곁들인 후 와인을 마시며 영화의 여운을 이어나간다.

3. 〈콜 미 바이 유어 네임〉(2018)
이탈리아를 배경으로 인상적인 영화를 만들어온 루카
구아다니노 감독 작품 세계를 들여다보며 복숭아 술과
감자 뇨끼, 〈콜 미 바이 유어 네임〉의 올리버가 좋아한
살구주스와 반숙달걀, 누텔라잼에 곁들이는 브레드까지
풍요로운 이탈리안 식탁을 즐겨본다.

4. 원스 어폰 어 타임 인 타란티노
쿠엔틴 타란티노 감독의 영화 아홉 편을 톺아보는
프로그램으로 시그니처 버거 '빅카후나'를 연상시키는
치즈버거, 〈원스 어폰 어 타임 인 할리우드〉(2019) 속
맥앤치즈와 사우어크라우트, 〈데쓰 프루프〉(2007) 속
나초그랑데를 준비한다. 거기다 디카프리오처럼 마셔보는
홈메이드 마가리따까지!

한 사람의 일상을 지켜보다 조심스레 문 두드렸다. 구태여 덧붙이지 않은
자연스러운 모습이 아름다워 보였기 때문이다. 제주에서 바다와 산을 이웃한
채로 명상하는 지야는 나의 물음에 화색을 띠며 반가움을 전했다. 잠은 눈을
감으면 아무것도 보이지 않지만, 명상은 눈을 감아도 마음이 흐르는 길이 보인다.
지야는 그 길을 거침없이 내달리며 주저하는 우리를 몰입과 치유의 길로 이끈다.

눈을 감아도 보이는 것

지야—치유명상자

에디터 이명주

사진 시나

이야기를 나누게 되어 기뻐요. 소개로 시작해 볼까요?

삶을 바라보고 치유하는 지야입니다. 반가워요. 저는
여행도 하고 요가도 하고 사랑도 하는 사람이에요.
여행하다 만난 수정으로 장신구를 만들고 차크라 치유
명상을 이끌고요. 몇 해 전부터 치유 작업에 큰 관심을
두고 있는데, 그걸 통해 우리 모두가 서로서로 그리고 자기
자신의 치유자라는 걸 알아가고 있어요.

치유라는 말의 의미를 자세히 듣고 싶어요.

단어가 거창해 보일지도 모르지만 치유는 연민을 갖고
바라봐 주는 거예요. 내 안의 이야기들과 경험, 감정을
아무런 편견 없이 있는 그대로 바라봐 주는 것. 마치
어질러진 서랍장의 물건들을 꺼내어 보고 다시 제자리에
놓는 것이지요. 서른 살 후반부터 마흔이 조금 넘은
지금까지 저의 주된 활동은 이제껏 무겁게 지고 온 짐들을
덜어내는 거였어요. 남은 삶을 가볍고 경쾌하게 살아가고
싶어요.

**지구와 마음에 친절한 삶, 요가적인 삶을 실천한다고
알고 있어요.**

맞아요. 추구하는 삶의 방향이에요. 내가 나에게, 모든
생명과 무생물에게도 친절하다면 성공한 삶을 살았다고
말할 것 같아요. 친절하다는 표현은 해를 입히지 않는다고
바꿀 수 있을 거고요. 요가의 첫째 덕목은 '아힘사', 즉
비폭력이라는 말로 해석되는데 끝없는 묵상의 주제예요.
단순히 폭력과 피해를 주지 않는 것에서부터 나의
생각을 남에게 강요하지 않는 것, 자신을 비난하지 않는
것, 건강을 해치는 음식과 습관을 피하는 것…. 이렇게
끝없이 나아가죠. 7년 전 요가 수련을 시작하면서 마음의
길이 더욱 선명해졌어요. 매일 몸 수련을 하며 변화를
알아차리고 나한테 필요한 상태를 자신에게 주는 것이
요가적인 삶이에요.

**채식을 하는 것도 추구하는 삶의 방향과 연관되는
걸까요?**

삶에서 최소한의 것만 취하고 떠나고 싶고, 그것도 한없는
복이라고 생각해요. 그래서 먹을 채소를 심고 가꾸는 삶이
나에게 선물 같아요. 무엇보다도 외식보다 스스로 요리를
해야 하는 일상이기도 하고요. 무의식적으로 끌리는 재료를
따라가면 몸이 원하는 영양소가 있어요. 좀더 직감적으로
내 몸과 소통하는 방법이죠. 물론 채식을 한다고 영적으로
우월함을 어필하는 건 절대 아니에요. 몸마다 체질이
다르니까 채식을 강요하지 않고, 저는 고기를 먹지
않으면서 더욱 건강해졌을 뿐이죠.

**지금은 제주에 머무르고 있죠. 지야 씨에게 제주는 어떤
섬인가요?**

이제는 집보다도 집 같고 어느 새로운 여행지보다도
이국적인 곳이에요. 제주에 처음 온 건 10년 전이었어요.
그때 저한테는 12년을 함께한 삶의 귀한 동반자가
있었어요. 지금은 그와 마침표 혹은 쉼표를 찍었지만요.
배낭을 하나씩 메고 제주에 왔는데, 아무것도 없었고 아는
사람도 없었어요.

**배낭 하나 든 채로 낯선 곳에 도착했다니, 무척 용감한
시도였네요.**

삶에서 커다란 용기와 무모함은 언제나 새로운 챕터로
우리를 인도하나 봐요. 그때는 빈집을 고쳐 살던 사람들이
많았던 터라 우리도 이 집 저 집, 흐름에 따라 이사를
다니며 살았어요. 그맘때쯤 제주가 변하기 시작했죠.
조금 일하고 조금 벌고 풍요롭게 살기 위해 왔던 이곳이
서울만큼 벌어야 살 수 있게 된 거예요. 결국 파트너의
모국인 스페인에서 캠핑카로 여행하며 지냈는데 왠지
평소의 저보다 무기력해지더라고요. 우울감은 내면을
바라보라는 우주의 신호라는 걸 이제는 알지만, 당시에는
이유 없는 슬픔과 분노 같은 감정의 소용돌이가 너무나도
힘들었어요. 서른일곱 살이 되는 해, 다시 혼자만의 여행을
떠나기로 했죠.

그렇게 당도한 곳이 인도였군요.

인도는 평생 여덟 번이나 갔지만, 처음으로 온전히 나를
들여다보고 싶다는 이유로 도착했어요. 고장난 나침반을
고치러 간다고 해야 할까요? 치유라는 큰 바다에 뛰어든 게
바로 그때였어요. 인도는 생활하는 데 많은 돈이 필요하지
않다는 것도 이유 중 하나였고요. 하지만 팬데믹이
시작되면서 스리랑카에 1년 6개월간 발이 묶여버렸죠.
'내 안의 집으로 돌아가야겠다.'라는 마음을 먹고 다시금
제주로 돌아와 보니, 그 어느 때보다 아늑하게 저를
품어주는 느낌이 들더라고요. 돌아오니 물가는 전보다 훨씬
비싸졌지만(웃음), 이제는 제주를 밉게 보지 않기로 했어요.

제주에서 즐겨 찾는 장소가 있나요?

서귀포 동남쪽 한라산 가까이 사는데, 요즘은 치유의 숲과
강정천에 자주 가요. 일주일에 한 번 도자기를 배우러 가는
곳이 산방산 바로 옆이라 인적이 드문 황우치 해변에도
가고요. 그간 제주 동쪽에서만 살다가 서귀포로 이사 오니
여행자의 기분이라 매일이 설레요.

**곳곳마다 다른 얼굴을 보여주기 때문에 제주가
사랑스러운가 봐요. 지야 씨의 일과가 궁금해져요.**

아침에 6시 반쯤 깨니까 일찍 일어나는 편이에요. 야행성이 아니라 9시쯤 잠자리에 들거든요. 잠을 자려고 눕는 시간이 너무 행복해요. 누군가는 잠은 죽어서 자는 거라고 말하지만, 저한테는 몸과 영혼이 리셋되는 시간이에요. 꿈의 세계가 우리한테 메시지를 보내면 그 지혜와 통찰을 삶에 적용하기도 하니까 잠은 정말 특별해요. 아무것도 하지 않는 휴식이 아니라 엄청나게 능동적인 활동이라고, 잠꾸러기는 말하고 싶네요.

같은 잠꾸러기로서 무척 공감해요. 꿈도 자주 꾸세요?
그럼요. 꿈이 너무 선명한 날도 있고 흐릿한 날도 있잖아요. 어떤 꿈은 아무리 무언가 찾으려 해도 찾지 못해 답답한 감정으로 깨고, 어떤 꿈은 원하는 모든 것을 이뤄줘서 만족하며 일어나지요. 눈을 감은 상태로 꿈에서 느낀 감정과 상황을 그려보다가 천천히 일어나서 미지근한 물을 마셔요. 그리고 옅게 내린 고수 생차를 뜨겁게 마시면서, 재미로 물고기자리의 타로점을 유튜브로 확인한답니다(웃음). 아침은 잠에 이어 에너지 충전에 중요한 시간이니까 최대한 느긋하게 보내요.

자신을 '초민감자Empath'라고 말하죠. 의미가 무엇인지 궁금했어요.
유난히 예민하고 타인의 감정과 에너지를 그대로 흡수하는 사람들을 뜻해요. 낮은 주파수의 감정에 사로잡혀 그것이 평생 자기 건 줄 착각하기도 하죠. 모든 것이 다 느껴지니까 나만 이상한 사람인 것 같고 세상과 단절된 것 같고요. 역설적이게도 우리에게 필요한 건 홀로 있음을 경험하는 거예요. 그러면 나를 괴롭히던 모든 고통이 더 이상 내 것이 아님을 알 수 있죠. 더불어 나만의 안식처를 찾아야 하는데, 저한테는 그게 자연과 혼자 있는 집 또는 방이었어요. 그곳에서 충분히 에너지를 충전하면 바깥으로 나와 세상을 만나요. 이런 사람이 저만이 아니라는 걸 깨달은 후에는 "우리는 방전되기 전에 스스로를 지킬 수 있다."고 말하며 일상과 회복을 나누기로 마음먹었어요.

그래서 '초민감자의 치유적인 삶의 기록들'이라는 이름으로 영상을 만드는 거군요. 간단한 일이 아닐 것 같아요.
대단한 가르침을 전한다기보다, 나라는 사람이 어떤 일상을 보내는지 공유하고 싶어서 유튜브를 시작했어요. 전혀 만난 적 없는 타인에게 나를 보여주는 건 조금 어려웠지만, 의미 있고 통찰을 얻었던 순간을 기록해 두면 그것이 쌓였을 때 자신에게 아주 특별한 선물이 될 것 같더라고요. 단 6분을 편집하는 데 다섯 시간씩 걸리는 '컴맹'이지만, 혼자 있는 시간에 루기네에 빠지지 않기 위해 누실 마세를 했다 ...

생각해요. 기록된 나의 삶과 기록되지 않아도 특별한 순간들 모두 저에게 소중해요.

지야 씨의 기록들을 편안한 마음으로 감상했어요. 그중 혼자 있는 시간이 많아질수록 가짜 생각과 무료함을 껴안아야 한다는 말이 인상 깊었고요.
혼자 있는 시간이 익숙하지 않은 사람들은 공간과 상황을 만들어도 머릿속으로는 자꾸만 혼란을 초대해요. 저도 그랬어요. 그럴 때는 그 감정을 피하지 않고 모두 느껴주세요. 활동이 많던 몸을 고요하게 만들 때 무료함과 심심함은 어찌 보면 당연해요. 부정적인 것으로 의식하며 피할수록 그 시간에 각인되어 버릴 테니, 스스로 탓하지 말고 자연스러운 과정이라고 생각하며 연민으로 꼭 껴안아 주세요.

홀로 있음과 외로움은 다르다고도 하셨죠. 어떤 점이 그런가요?
외로움은 결핍이지만 홀로 있음은 온전해요. 외로움은 나 이외에 누군가를 갈망하지만 홀로 있음은 나 혼자로 완전하고요. 만약 지금 내가 외로운 것 같다면 어떤 마음으로도 포장하지 않고 온전히 느껴보세요. 내가 바닥까지 나약한 상태를 인정해야 그걸 극복할 힘이 생기고, 있는 그대로 받아들여야 탈이 없어요. 철저한 외로움을 느끼다 보면 마침내 강하고 우아하게, 홀로있는 나를 만날 수 있다고 생각해요.

마음을 수련하는 방식 중 명상에 초점을 맞춰 볼게요. 명상을 처음 했을 때를 기억하세요?
누구나 그렇듯 저도 불편하게 다리를 꼬고 앉아 가만히 있는 것에서 시작했어요. 태국 북부의 스님들이 수행하는 절에도 갔고 일주일간 묵언 수행하는 곳도 방문했지요. 인도에서 수행자들이 기도하며 지내는 숙소인 아쉬람도 갔고요. 가만히 있는 게 무엇보다 고통스럽더라고요. 나중에 알게 된 게, 가벼운 공기의 에너지가 많은 사람에게는 좌선 수행이 힘들 수 있대요. 그때는 몸을 이용한 아사나 요가 명상이 도움이 된다고 해요. 누구에게나 잘 맞는 명상의 도구와 방식이 있는 거죠. 내면으로 들어가는 길이라면 악기를 연주하든, 춤을 추거나 달리든, 요리를 하든 상관없어요. 몰입하며 마음을 모을 수 있는 모든 행위와 시간을 명상이라 부르고 싶어요.

수정을 이용한 차크라 명상에 대해서도 들려주세요.
우리 몸에는 에너지 채널이 여럿 있는데 일반적으로 꼬리뼈에서 척추를 타고 정수리까지 오르는 일곱 개의 차크라가 있어요. 이 수치에서 에너지 채널을 따 오면는 ...

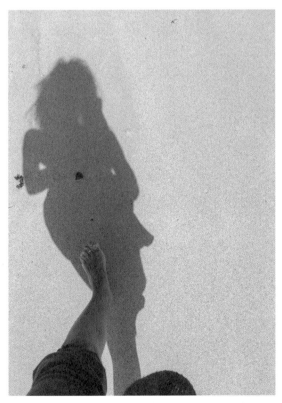

수정들도 있고요. 수정의 도움으로 차크라를 지도 삼아 몸 안에 기록된 감정을 만나는 거예요. 수정이 에너지 채널을 자극하며 치유되어야 할 부분을 수면 위로 떠오르게 만들면 신념들도 다시 꺼내어 제자리를 찾아줍니다. 누군가는 동물계에, 누군가는 식물계에 가깝다면 저는 광물계와 마음 깊이 연결되어 수정을 활용하는 거예요. 말로는 간단해 보이지만, 치유 여정은 생각하는 것만큼 아름답지 않아요. 나의 밑바닥을 확인해야 하니 치열한 정화 과정에 가까워요.

'마음장신구'를 만들어 다른 이의 치유 명상을 북돋아 주죠. 어떤 마음을 담아 만드는지 궁금해요.
손으로 무언가를 만드는 과정에서 분명 저의 에너지가 들어가요. 그건 착용하는 사람들도 느낄 테고요. 그래서 내 마음이 가장 편안하고 기분 좋을 때 감사하는 마음으로 장신구를 만들어요. 수정은 지구가 수십만 년간 쌓아온 온갖 트라우마가 만들어낸 산물이에요. 트라우마의 결과물이 무지갯빛으로 빛난다는 게, 우리도 삶의 모든 역경이 지나면 맑은 결정체가 될 수 있다는 위로를 주죠. 수정은 땅에서 채취되어 기계로 가공하는데요. 가공하지 않은 수정이 본연의 에너지를 잘 간직하고 있어서 좋아해요. 남들의 기준에 반듯하게 깎여진 나보다 삐뚤빼뚤한 모습을 간직하는 것이 아름다운 것처럼요. 억지로 속도를 내지 않다 보니 받아보기까지 시간이 걸릴 텐데도 손님들은 이해해 주고 기꺼이 기다려 주세요.

지야 씨의 마음을 보듬는 데 쓰는 장신구들도 소개해 주세요.
천연 호박이 떠올라요. 스리랑카에서 제주로 돌아오기 전에 프랑스에서 3개월간 지냈는데, 그때 인연이 된 수정이에요. 그때는 어느 하나에 마음 둘 곳이 없었고 어디로 가야 할지도 몰라서, 모든 것이 있어야 할 곳으로 가게 해달라고 기도하며 108개의 호박 구슬로 기도용 목걸이인 말라를 만들었어요. 이 천연 호박의 기운이 얼마나 온화한지 마치 집에 온 것 같은 기분이었지요. 이후로 모든 것이 순조롭게 흘러가 안전하게 제주로 돌아왔고 좋은 집도 얻게 되었어요. 지금도 사람들의 기도를 들으며 108개의 호박을 꿰어 말라를 만들어요.

바라던 바로 이끌어주었네요. 마음을 한데 모아 집중하는 명상은 어떻게 시작해야 할까요?
명상은 내 안의 고요함을 꺼내는 시간이에요. 잊지 말아야 할 것은 우리 안의 고요함이 결코 유지되지 않는다는 점이에요. 이 세상 모든 것이 계속해서 움직이고 변하고,

불안이든 슬픔이든 기쁨이든 행복이든, 명상은 그냥 나에게 일어나고 있는 현상들을 있는 그대로 받아들이는 연습이라고 생각해 보세요. 어느새 그 어떤 것도 중요하지 않을 테고 특히 나의 기분 따위는 상관없는 중립적인 상태에 이르러요. 그게 바로 명상이 시작되는 지점이에요.

인간이 불안에 가장 무방비할 때는 잠들기 전이 아닐까 싶은데, 지야 씨도 그런가요?
저는 불안에 매우 취약한 종이라서 가능한 한 불안한 상황을 만들지 않는 것이 인생 최대의 목표예요. 그래서 사회에서 열심히 활약하는 현대인들이 참 대단해 보여요. 잘하고 싶고 성공하고 싶은 마음, 더 많이 가지고 싶은 마음에서 불안함과 불면이 비롯되는 건 아닌가 생각해 보고 싶어요. 어쩌면 저는 불안을 느끼지 않기 위해 아무 일도 일어나지 않는 일상에 감사해하는지도 모르죠. 잠을 잘 자고 싶어서 성공하고 싶지 않다는 말이 좀 웃긴가요(웃음)? 그만큼 잠이 중요해서, 하루라도 설친 날은 사람들도 만나지 않고 최대한 쉬어 주려고 해요.

자리에 누웠는데도 눈이 말똥말똥 떠지는 밤은 어떻게 보내나요?
그동안의 경험을 떠올려 봤을 때, 맨발로 걸은 날은 잠을 잘 자는 것 같아요. 발로 흙이나 모래를 밟는 걸 '어싱Earthing'이라고 하는데 피곤함도 옅어지고 땅의 에너지가 전해지거든요. 여름에는 바닷물에도 들어갔다 나오고, 겨울에는 따뜻한 물에 히말라야 소금을 넣고 몸을 담가요. 흙과 물이라는 원소들로 모든 것이 정화되는 걸 상상하면서요. 우리의 뇌는 실제로 일어나는 것과 상상한 것을 구분하지 못한다고 해요. 앞으로 일어날 일에 대해서 부정적인 시나리오가 재생되고 있을 때 최대한 그 비디오를 끌 수 있는 편안함을 주어야 해요. 호흡에 집중하는 것도 도움이 될 거예요.

무엇이든 거스르는 마음 없이 자연스럽게 삶을 받아들이는 것 같아요.
더위나 추위도, 감정과 상황도 전부 자연스레 받아들이려고 노력해요. 올여름은 무더웠던 터라 작정하고 바다에 자주 갔어요. 바다에는 언제나 친구들도 있거든요. 가끔 더운데 뭘 그렇게 아끼느라 에어컨도 안 트냐고 하지만 그게 아니라 몸을 계절에 맞추는 것으로 건강을 챙기려는 거예요. 더운 것도 조금만 지나면 사라질 거라는 걸 알기에 이 계절이 오히려 특권처럼 느껴졌어요. 삶에 주어진 것들을 좋다 나쁘다 판단 없이 느껴보는 것, 그것이 저한테 요가예요. 보세요, 어느덧 아침저녁으로 쌀쌀함이 느껴지죠?

그러게요. 여름도 슬슬 막을 내려요. 마음속에 남아 있는 올여름날의 추억을 들려주실래요?
올여름은 참 재미있었어요. 장거리 연애 중인 남자 친구가 프랑스에서 와서 함께 보냈거든요. 알뜰한 연인은 냉장고 털이라 하기에는 너무나 훌륭한 도시락을 싸서 피크닉을 준비해 주었어요. 텐트 하나를 사서 동쪽 바다, 서쪽 바다로 캠핑을 갔던 것도 좋은 추억이에요. 그래서인지 올해는 유난히 더 까매졌는데, 거울을 잘 보지 않아서 제 얼굴에 얼마나 많은 잡티가 있는지 몰라요. 서귀포로 이사 오고 나니 함덕, 김녕 바다 같은 동쪽의 매력이 보여서 한 시간씩 운전해서 가보기도 했어요. 친구들은 이렇게 동쪽에 자주 올 거면 왜 서귀포로 이사 갔냐고 놀리지만요(웃음).

듣기만 해도 기분 좋은 추억이네요. 차근차근 맞이하게 될 가을과 겨울은 어떻게 보내실 예정인가요?
제가 있는 곳에서는 에메랄드 빛 바다도, 일출도 일몰도 안 보이지만 대신 한라산이 엄청 크게 보여요. 한라산이 얼마나 장엄한지 항상 감탄해요. 선선한 계절이 오면 한라산에 오르고 함양으로 이사 간 친구네도 갔다가, 온갖 나물이 모인 사찰 음식도 먹고 싶어요. 사실 추위에 민감해서 추워지면 외출 대신 뜨끈한 방 안에만 있어요. 그러다 완벽한 겨울이 되면 따뜻한 나라로 피신할 지도 몰라요. 아직 행선지는 없지만 그 전까지 모든 세포에 태양을 가득 충전해 둘 거예요.

유난히 지쳤던 지난 계절과 불면의 밤을 훑어본다. 주어진 상황에 만족하지 못하고 역행하려 했던 탓 아닐까. 지야 씨와 이야기를 나누며 한 가지 깨닫게 된 게 있다. 떠오른 감정을 탓하지 말 것. 그마저도 자연스레 받아들이며 있는 그대로 나를 바라볼 것. 우리 대화를 읽는 이들에게 공명이 일었으면 좋겠다는 그의 바람을 곱씹어 본다. 이미 내 마음속엔 작은 공명이 움튼다.

H. youtube.com/c/MoTVshow

H. instagram.com/vidapura

꿈의 제조 과정

〈수면의 과학〉

글 이주연

안녕하세요, 스테판의 교육 티브이 시간이
돌아왔습니다.
오늘 밤 주제는 '꿈'입니다.
많은 사람이 꿈 제조 과정을 간단히
생각하지만
사실 생각만큼 쉬운 일은 아니에요.
다양한 재료들의 조화가 아주 중요합니다.
먼저 복잡한 생각들을 집어넣고

추억이 더해진 오늘의 기억을 추가합니다.
지금 레시피는 2인분 기준이에요.
사랑, 우정 같은 많은 관계와 감정이
오늘 들었던 노래나 보았던 것들과 혼합되면…
잠깐만요! 다 된 것 같아요.
그래, 성공이야!
좋아요. 이제 상영을 시작하죠.
제가 깨지 않도록 조용히 말하겠습니다.

꿈은 대체로 현실과 다른 곳에 있다. 현실을 반영하긴 하는데, 또렷하지도 선명하지도 않다.
때때로 굉장히 구체적이고 선명한 상이 떠오르기도 하지만 생생하다고 해도 어딘가 살짝 핀트가
나가 있다. 이를테면… 꿈속에서 누군가와 몹시 애절하게 사랑하는데, 대단히 절절한 애정을
주고받는데, 눈앞의 상대는 현실 세계의 애인이 아니라 관심도 없던 근육질 가수라든지, 애인은
애인인데 엉덩이에 하얗고 풍성한 꼬리를 달고 있다든지… 하는 식이다. 근육질 가수의 영상을
보고 잠이 들었다거나 애인과 강아지 산책을 시키고 잠들었다는 현실이 적당히 반영되기도
하지만 그다지 의미가 없을뿐더러 의미가 있어도 깨고 나면 거의 아무 영향력도 남기지 않는다.
(이번 호에서 계속 얘기한 것 같은데) 나는 꿈을 잘 꾸지 않는다. 프로이트에 따르면 꿈은 누구나
꾸지만 기억하느냐 마느냐의 차이일 뿐이라지만, 어쨌든 꿈과는 거리가 먼 사람이다. 그래서
눈을 뜨고 꿈이 생생히 기억나는 아침이면 부랴부랴 연필을 쥐고 뭐라도 적는다. 놀랍도록
빠르게 휘발되는 꿈의 끄나풀을 어떻게든 붙잡기 위해.
〈수면의 과학〉(2006) 주인공 '스테판'은 나와 정반대 세상에 산다. 현실과 꿈을 구분하지
못한다. 꿈으로 초대받는 일이 적은 나와는 달리 현실이 꿈이고 꿈이 현실인, 다소 복잡한
세계에 살고 있다. 스테판의 꿈엔 현실 세계에서 연을 맺고 있는 사람들이 연이어 등장한다.
옆집으로 이사 온 '스테파니'라든지, 함께 일하는 '기' 등이다. 실제로는 아무 이성적인 교류가
없는 직장 동료와 발가벗고 욕조에 누워 있기도 하고, 어느덧 연심이 생긴 스테파니에게 용기
있게 청혼하기도 한다. 스테판은 현실보다 꿈에서 좀더 오랜 시간을 보내고 있는 것 같다. 꿈에
도취되어 현실을 제대로 보지 못하는 탓에 보는 이를 자주 안타깝게 한다. 말짱한 현실을 자꾸
다르게, 비딱하게 바라보고 잘못 해석하면서 착각과 오해를 낳는다. 스테파니가 다른 남자와
사랑에 빠져 자신을 버렸다고 착각하고, 약속 장소에 나오지 않았다고 오해한다. 현실 세계에선
스테판이 스테파니와의 약속을 저버린 게 전부인데. 〈수면의 과학〉을 보면서 생각한다. 이토록
현실에 뿌리를 두고 생생하게 반영하는 꿈이라면 현실과 꿈을 착각하는 것도 이상하지만은
않겠다고. 꿈과 현실의 경계를 모호하게 살아가는 스테판의 하루하루는 얼마나 제멋대로일까.
삶이 결코 녹록치 않으며 제대로 풀리는 일이 얼마 없을 거라는 내 걱정이 오지랖만은 아닐
성싶다.

스테판 하루 종일 일했다고요. 꿈속에서 아주
       녹초가 됐죠.
엄마   얘는 여섯 살 때부터 꿈과 현실을
       구분 못 하며 살고 있어요.
       한번은 토한 걸 뒤집어쓰고 침대에
       있는 걸 발견했는데 자기 손이 빌딩만
       하다고 생각하더라니까요.

엄마 남자 친구 꿈은 매우 피곤해. 주기가
              있지. 입면기, 숙면기…
              어쩌고저쩌고. (중략)
              R.E.M.으로 사랑을 확인할 수
              있어. R.E.M.이 무슨 뜻인지
              아니? 급속 안구 운동. 꿈속의
              행동에 따라 안구가 움직이는

스테판 엄마 실비요, 빈님이 바내다   현 맘에, 갑베서 계단글

꿈의 제조 과정

내려가면 안구도 아래를
향하게 되지. 만일 꿈에서 네가
걸으면, 네 눈도 걷는 거야.
계단을 내려가면 안구도

아래를 향하게 되지. 만일
꿈에서 네가 걸으면, 네 눈도
걷는 거야.

가끔 잠자는 사람을 가만히 들여다보고 있으면 눈을 감은 채 눈동자가 도르르 굴러가는 걸 볼
수 있다. 그럴 때면 그냥 '꿈을 꾸나 보다.' 했는데, 이 장면을 보며 '정말인가 보다.' 생각하게
됐다. R.E.M.이라니. 정확히 설명할 순 없어도 용어를 알고 있는 것만으로 뭔가 멋진 사람이
된 기분이다. 이 장면을 본 뒤로 잠든 사람의 눈동자를 유심히 보곤 한다. 바지런히 구르는
눈동자를 보면 꿈에서도 바쁘구나, 생각하게 되고, 잠잠한 눈동자를 보면 꿈도 없이
잘 자는구나, 여기게 된다. 눈동자는 어쩌면 꿈의 나침반인 셈일까. 어딘가에서 떨어지는 꿈을
꾸면 키가 큰다는 속설이 있다. 많은 사람이 한 번쯤은 높은 데서 뛰어내리는 꿈을 꿔보지
않았을까. 그런 꿈을 꿀 때 우리의 안구는 하염없이 아래를 향해 있을까? 할 수 있는 한 가장
아래쪽을 향한 채 하강의 공포와 자유로움을 느끼고 있다고 생각하니 어쩐지 조금 무서워진다.
꿈을 꾸는 채로도 우리가 여전히 깨어 있다는 걸, 분명히 알게 된 기분이다.

스테파니	스테판? 거기 있어?
스테판	아니, 여긴 꿈속이야. 성공했어!
	난 스파게티가 아냐!
스테파니	보이는 걸 전부 말해줘.
스테판	풀의 감촉이 느껴져. 산들바람도
	불어. 차갑고 축축해. 사방이

	숲이야. 골든 포니 보이가 내 앞에서
	뛰어다녀. 물 흐르는 소리도 들려.
	개울을 찾았어.
스테파니	셀로판 조각들이 흐르고 있어?
스테판	아니, 진짜 물이야! 타임머신이야!

〈수면의 과학〉을 보지 않았다면 이게 다 무슨 소리인가, 할 테다. 스파게티? 골든 포니 보이?
셀로판 조각? 영화 설정을 하나하나 설명하기 시작하면 글이 끝이 나지 않을 게 뻔하다. 꿈도
그렇다. 내 꿈에 왜 이런 장면이 나왔는지 설명하기 시작하면 끝은 나지 않고 끝내 이해도
시키지 못할 것이다.
한때 반복되는 꿈을 꾼 적이 있다. 나는 항상 지하철역에서 출구로 천천히 걸어 올라간다.
하늘부터 보이는 풍경, 계절은 필시 한여름이다. 내리쬐는 태양과 작열하는 콘크리트 바닥
그리고 인도가 보인다. 빌딩이나 아파트 같은 건 보이지 않고, 야트막한 산과 작은 상점, 낮은
건물뿐이다. 그렇다고 해서 대단히 시골은 아니고 소도시 정도려나. 나는 그런 거리를 혼자
걷는다. 그러다 인식하지 못한 새 한 남자와 발맞추어 걷게 되는데 남자의 얼굴은 태양에
가려져 보이지 않는다. 우리는 아이스크림을 먹고 있다. 나는 항상 스크류바. 내리쬐는
태양 아래서 아이스크림은 녹지도 않는다. 꿈이어서 그렇다. 그 남자는 주기적으로 내 꿈에
찾아오고, 나는 주기적으로 지하철역 출구를 오르며, 우리는 주기적으로 그 작은 인도를 나란히
걷는다. 한 번도 그 남자의 얼굴을 제대로 본 적 없지만 확실히 이전 꿈에 나타난 그 남자라는
걸 알 수 있다. 1년에 한 번, 혹은 두 번쯤 꾸는 꿈일까. 그렇게 3-4년을 계속 같은 꿈을 꾸었다.
최근에는 꾸지 않은 것 같은데, 그 꿈이 내 무의식 어떤 장면을 길어 올려 편집된 것인지 나는
알지 못한다. 짐작도 안 된다. 그 남자의 정체도 여전히 알 수가 없다.

꿈속에서는 감정을 주체할 수가 없어요.

스테판의 대사를 오래 곱씹었다. 그랬던가? 기억에 남은 몇 꿈을 떠올려 보지만 장면만 있을 뿐
감정이 전혀 느껴지지 않는다. 아, 딱 하나. '공포'만큼은 자주 느꼈다. 어릴 때는 유난히 귀신과
도깨비가 나오는 꿈을 많이 꿨다. 그런 밤이면 항상 나에게 속삭였다. "주연아, 이건 꿈이야. 깰
수 있어. 눈을 뜨자." 자각몽이라는 단어를 모르던 시절에도 나는 이것이 꿈이라는 것을 어쩐지
알 수 있었고, 무서워질 때면 눈을 뜨자고 곧잘 되뇌곤 했다.
스테판은 꿈과 현실을 구분할 수 없다. 반대로 나는 꿈과 현실을 정확하게 구분한다. 현실과
꿈을 오가며 하나의 세계로 인식하는 스테판과 꿈과 현실을 나누어 정확하게 인지하는 나.
우리는 너무 다른 세계에 살고 있지만 나는 스테판이 꾸리는 세계가 좋다. 이해하고 싶지도,
이해할 수 있으리라 믿지도 않지만, 그가 셀로판 조각들을 모아 바다를 만들거나 솜뭉치를
매달아 구름을 만드는 장면이 좋다. 피아노를 연주하여 "물체마다 독특한 파장이 있어서
그걸 찾아서 정확히 들려주기만 하면 알아서 떠오른다."는 그런 대사를 어찌 좋아하지 않을
수 있을까. 현실에서 꿈 같은 무엇을 찾는 나와 꿈에서 현실을 찾는 스테판은 어쩌면 비슷한
사람이지 않을까, 오늘에야 문득 생각해 본다.

사사로운 사랑의 기록

#01

<u>스테파니</u> 자연스러움을 얻기란 힘들어.　　　<u>스테판</u> 모든 질서에 죽음을!
　　　　　잠시 한눈 팔면 질서가 끼어들지.

꿈결 같은 장면을 연출하는 두 사람. 스테파니의 대사를 곱씹으며 고갤 끄덕이려는 찰나 스테판이
먼저 소리친다. 죽음이라니, 그 재빠른 반응이라니! 곧장 이어지는 응답을 어찌 사랑의 속도라
말하지 않을 수 있나요.

#02

<u>스테파니</u> 첫 번째, 난 결혼을 안 믿어. 두 번째, 넌 날 원하지 않아.
　　　　　세 번째, 혹시 너 미친 거 아냐?

느닷없는 청혼에, 준비 없는 고백에 단단한 벽을 만든 스테파니의 눈에서 읽은 게 슬픔이라면,
슬픔의 막을 거두면 사랑이 있다는 걸, 나는 어찌 알고 있나요.

#03

<u>스테파니</u> 왜 나야?　　　　　　　　　　<u>스테판</u> 너 말곤 다 따분해.

살면서 보아온 숱한 사랑의 명장면 중 가장 아리따운 장면이었어요. "너 말곤 다 따분해." 팔뚝에
오소소 소름 돋는 간지러운 대사들엔 눈물 지은 적 없는데 이 대사만큼은, 훌쩍….

#04

<u>스테판</u> 스테파니, 70세가 되면 나와 결혼해 줄래? 그때 되면 잃을 것도 없잖아.

소심하고도 강건한 이 대사는 무의식 속에서 현실이 되겠죠. 꿈에서라면 두 사람이 당장 일흔이 될
수 있음을, 언제고 함께할 것임을 알아요.

나의 디제이에게

잠을 청하기 전, 라디오를 듣고 말하던 기억을 더듬어 보다가 끝내는 못다 한 이야기를 꺼내둔다.

글 이명주 일러스트 추세아

화자의 기억

라디오. 가장 먼저 떠오르는 건 다 늘어진 테이프와
개구리 라디오다. 우리 집에는 언제나 라디오가 있었지만,
그걸 우리 것이라고 하기에는 엄마와 아빠의 취향으로만
재생됐다. 그러다 나와 동생을 위한 '우리' 것이 생겼는데,
당시에 유행하던 '개구리 라디오'였다. 볼륨과 주파수를
조절하는 장치가 마치 개구리눈처럼 달려 있기에 붙여진
별명인데, 둥그런 몸체에 주파수 화면도 묘하게 입 모양처럼
생겼다. 영어 공부 열심히 하라고 라디오를 사준 거라는
엄마의 말에서 앞부분은 쏙 빼버린 나와 동생은 새로운
놀거리 등장에 마냥 신났다. 하릴없이 심심한 저녁,
하루는 개구리 라디오에 빈 테이프를 넣고 녹음 버튼을
눌러 아아오오, 의미 없는 단어들을 반복했다. 이어 재생
버튼을 누르니 완전히 낯선 목소리가 튀어나온다. 눈을
동그랗게 뜨던 우리는 "사람 목소리가 내 귀로 들을 때랑
남의 귀로 들을 때가 다르대. 그래서 그런 가봐.", "그럼
어떤 목소리가 진짜인 거야?" 하며 진지한 고민을 나눴다.
그러다 누가 먼저랄 것도 없이 라디오 디제이의 흉내를
내기 시작했다. "안녕하세요?"라는 인사말을 동시에
맞추려면 버튼을 누른 후, 손으로 셋까지 숫자를 세야
했다. 아무도 사연을 보내지 않았고, 아무도 신청 곡을
써주지 않았지만 모든 것은 나와 동생의 머릿속에 있었다.
그럴싸한 사연을 즉석에서 지어내 보고(물론 전날 들었던
라디오의 사연을 베끼기도 했다.) 능청스러운 모습으로 대화를
주고받다가, 녹음된 걸 다시 들으며 방 안에서 킥킥 웃곤
했다. 찬장 한 칸을 채우던 새 테이프들은 앞뒤로 녹음되고
연필로 감아서까지 써버린 후에는 더 이상 제 기능을 하지
못했고, 우리의 라디오는 자연스레 막을 내렸다. 나는
그때의 가짜 디제이들을 아직도 가끔 생각한다. 작은
라디오를 가운데 둔 채 팝콘 같은 웃음을 터뜨리던 그때를.

청자의 기억

그 이후의 기억도 들여다보고 싶어진다. 학교에서 집으로
돌아오면 가방을 내려놓은 채 차려진 저녁을 먹고 거실에
앉아 텔레비전을 봤다. 가족들과 웃다가도 텔레비전 옆에
걸린 시계를 살피다가, 시곗바늘이 정각과 얼굴을 비빌
기세가 보이면 슬그머니 자리에서 일어났다. "보다 말고
어디 가?" 엄마의 물음에는 할 게 남았다는 대답으로
대충 둘러댄다. 좋아하는 가수가 진행하는 라디오를
듣는다고 하면 될 텐데, 같은 시간에 같은 목소리를 듣기
위해 혼자 방으로 쏙 들어가는 모습이 열성적인 애정 같아
부끄러웠다. 중학교도 입학하지 않았을 때니, 주변에
나만큼 라디오를 열심히 듣는 친구들이 없는 것도 머쓱한
이유 중 하나였다. 책상에 앉아 잔뜩 꼬인 줄 이어폰을
열심히 풀고 MP3 플레이어에 꽂았다. 나한테는 미키
마우스 모양의 작은 MP3 플레이어가 있었는데, 액정이
없다 보니 재생 목록에서 라디오로 채널을 옮길 때뿐
아니라 주파수를 맞출 때도 감각의 가늠이 필요했다.
주파수의 늪에서 헤매던 것은 단 며칠, 노련한 손동작으로
정확한 지점을 찾아내면 소란스러운 CM은 끝나고
익숙한 오프닝 음악이 시작됐다. 슬그머니 미소를 흘릴
때쯤 어김없이 반가운 목소리가 인사를 건넨다. 그 시절
나에게는 라디오가 또렷한 행복이었다. 정해진 시간에
약속한 사람이 찾아와 안겨주는 선물이 기쁘지 않을 리
없으니까. 신청 곡을 보내라는 말은 어찌나 설레던지, 다음
날 또 만날 걸 알면서도 클로징 멘트는 어찌나 아쉽던지.
하루 끝에서 이름 모를 청취자들과 함께 귀를 기울이는
시간, 밤의 문을 여는 디제이는 항상 오늘의 안부를
물었다. 기분 좋은 하루였다면 라디오를 들으며 그 여운을
이어 나가길, 아쉬움이 박히는 하루였다면 노래를 듣고
툴툴 털어내길 바란다는 말도 함께였다. 나의 다정함은
조곤조곤 전하는 마음을 듣던 그때에 비롯된 걸지도
모른다. 밤의 세상을 유영하던 대화를 떠올리며, 나의
기억을 차지한 세 명의 디제이에게 부치지 못할 사연을
털어 둔다.

디제이
타블로에게

오늘 하루는 어땠나요? 타블로 디제이에게 안부를 물어요. 당신을 알게 된
건 라디오를 듣기 시작했을 즈음과 비슷해요. 그때 저는 아직 한참 어린
학생이었는데요. 위로 형제가 있는 동생들은 언니나 오빠가 보고 듣고
즐기는 것들이 좋아 보이기 마련이잖아요. 저도 마찬가지였어요. 언니들이
듣는 에픽하이의 노래 몇 곡을 곁에서 맴돌다가 따라 듣고, 나도 모르게
흥얼거리다가 앨범 전체를 찾아보기도 했어요. 가사를 외우고 에픽하이가
출연한 방송을 이것저것 챙겨 보다 마침내 라디오까지 닿게 된 거죠.
〈타블로와 꿈꾸는 라디오〉, 그러니까 '꿈꾸라'와 이어진 소소한 추억들도
떠오르네요. 공부하는 척 몰래 듣다 보니 문제집을 풀다가 킥킥 웃음을 터뜨린
게 한두 번이 아니에요. 슬쩍 옆을 보면 몰래 같은 라디오를 듣던 동생도
웃음을 참고 있었죠. 학교에 가면 친구들은 동시간대에 방영하던 드라마
〈꽃보다 남자〉 이야기를 하는데 아는 척 고개를 끄덕인 적도 많아요. 꿈꾸라를
들으면서 듣는 이에게 다정함을 전하는 방법을 알게 됐어요. 당신은 오프닝
멘트에서 하루의 기분을 묻는다면 클로징 멘트에서 듣는 이의 꿀 같은 잠을
빌어주잖아요. 매일 말하는 인사 덕분에 나의 사위를 둘러보고 밤을 부드럽게
매듭지은 후 잠을 청할 수 있었어요.

오늘의 첫 번째 사연입니다

타블로 디제이도 어릴 때 라디오를 많이 들었죠? 음원 사이트도 없었고
음반이나 테이프를 맘껏 살 수 없었던 때라, 좋아하는 뮤지션의 노래를
들으려면 내내 라디오를 틀어놓고 기다려야 했다고요. 우연히 기다리던
노래가 나오면 기적이 일어나는 느낌이었는데, 그 마음을 청취자에게
선사하는 디제이가 되고 싶다고 덧붙였던 게 기억나요. 그 기적에는 라디오의
화자와 청자가 내밀한 마음속 이야기를 주고받으며 연결되는 것도 포함되지
않을까 싶네요. 사연을 읽고 전하는 위로가 한 사람에게만 전달되는 게 아니라
엇비슷한 모양의 고민을 가진 모든 이에게 닿잖아요. 당신의 한 마디에 따뜻한
다독임을 받았던 청취자로서, 진심의 실마리를 풀어낼 수 있는 시공간을
만들어줘서 고맙다는 말을 꼭 전하고 싶어요. 라디오에서는 언제나 마지막에
타블로 디제이가 직접 쓴 짧은 글을 '블로노트'라는 이름으로 선물해 주었죠.
지금 떠오르는 블로노트를 하나 적어 볼게요. "영원한 건 없다지만 잘 생각해
보면 영원아시 않는 것도 없잖아." 언젠가 디제이로 다시 안부를 물어주세요.

디제이
타카무라 미소노에게

좋아하는 마음을 잃지 않고 잘 지내고 있나요? 미소노 디제이의 팟캐스트
〈귀에 맞으신다면お耳に合いましたら。〉을 무척 재미있게 들은 청취자예요. 미소노
디제이는 체인점 음식을 먹고 맛의 감상과 자신의 에피소드를 아울러 전하고
있죠? 어떤 음식이든 그 향을 맡는 순간, 팟캐스트를 진행하던 평범한 방이
가게 한복판이 되는 상상도 하고요. 저는 무엇보다도 방송을 시작하게 된
계기가 기억에 남아요. 당신은 좋아하는 작가의 팟캐스트에서 이런 말을 듣게
되었죠. "무언가를 좋아하는 감정을 말로 남들에게 전하지 않으면 마음이
무뎌져 버린대요. 한마디로 좋아하는 것에 대해 입 밖으로 오랫동안 꺼내지
않으면, 감동할 필요가 없다고 판단한 마음이 무엇을 좋다고 느끼는 감정조차
없애버린다는 거죠." 여기다가 결국 좋아하는 마음이 죽어버린다는 충격적인
말까지. 깜짝 놀란 미소노 디제이만큼이나 저도 겁에 질렸답니다. 좋아한다는
건 겉으로 내뱉기에는 쑥스럽고 귀가 빨개질 것만 같아서 마음속으로 간직하면
충분하다고 생각했거든요. 그 마음을 절대 죽이지 않으려 말 밖으로 꺼내는
노력을 거듭하고 있어요. 이 편지도 그 노력 중 하나고요.
그러고 보니 미소노 디제이도 라디오를 무척이나 좋아해서 화자가 되었죠.
즐겨 듣던 방송을 녹음해 둔 테이프와 이런저런 굿즈들을 틴 케이스에 담아
냉장고에 넣어두었다는 이야기를 기억해요. 게다가 대학에서는 절친한
친구 카스미랑 단 둘뿐인 라디오 동아리를 꾸리잖아요(웃음). 트러플 소금맛
프렌치프라이를 먹으면서 라디오 기획을 짜고, 종이 상자 부스로 들어가
휴대폰을 마주 본 채로 녹음하고요. 저의 어릴 적 추억이 겹쳐 보여서 자꾸만
웃음이 나왔어요. 그뿐인가요? 녹음한 방송을 세상에 내보인 적도 없고, 바라던
라디오의 세계를 업으로 삼지 않는 모습도 닮았어요. 하지만 우리는 여전히
좋아하잖아요, 라디오를. 어쩌면 적당한 거리를 유지하는 것도 무언가를 오래
좋아할 수 있는 방법이 아닌가 생각해 보게 되네요. 이런 생각을 북돋아 주고
함께 고민해 줄 사람이 미소노 디제이라서 행운을 얻은 기분이에요. 좋아하는
것을 순수하고 반짝이는 솔직함으로 전하는 당신이라서요. 또 한 번 맛있는
음식과 이야기를 들려주세요.

디제이
배미향에게

미향 디제이에게 인사를 건네게 되어 기뻐요. 우리 집 거실에는 오래된 시디플레이어가 있는데, 라디오를 곧잘 틀어둬요. 채널은 단 하나, 엄마와 아빠가 사랑해 마지않는 당신의 라디오죠. 그러니까 〈배미향의 저녁스케치〉는 아주 오래전부터 해가 사그라드는 시간이 되면 우리 집 문을 두드렸던 거예요. 엄마는 집에서, 아빠는 퇴근길에서 이 라디오를 듣는데 한번은, 결혼기념일에 아빠가 미향 디제이의 목소리를 빌려 메시지를 전한 적 있어요. 집에 와보니 선물로 도착한 빨간 호접란처럼 엄마가 발그레한 얼굴로 웃고 있던 날이지요. 아빠에게 "저녁스케치 들어봐."라는 문자가 도착한 후 조금 지났을까, 엄마에게 고맙다는 아빠의 담백한 문장이 들렸고 그 후 결혼기념일 사연이 나올 때마다 우리는 함께 그날을 떠올려요.

당신의 목소리를 처음 들었을 때를 잊을 수가 없어요. 마치 융단 같다고나 할까요? 사람의 목소리가 이렇게 차분하고도 나긋하면서 낮을 수가 있구나, 생각하면서 자꾸만 따라 읊조려 보았어요. 아무리 해봐도 제 목소리는 가볍게 여기저기로 튀어 나갈 뿐이지만요. 미향 디제이의 방송은 집이 아니라 퇴근길 버스 안에서도 자주 만나요. 하루를 잘 마쳤다는 신호 같아 포근하기도 하고 어릴 때부터 지금까지의 나를 지켜봐 주는 것 같아 마음이 곧아져요. 그도 그렇게 〈배미향의 저녁스케치〉는 올해로 23주년이잖아요. 고등학교 3학년 때 음악감상실에서 우연히 임시 보조 디제이를 맡게 됐는데, 처음에는 선곡만 하다가 우연히 멘트를 한 뒤 반응이 좋아서 아예 정식 디제이가 됐다고 들었어요. 이후에는 방송국 스카우트 제의를 받아 제작 PD 겸 디제이로 이 방송을 꾸리게 됐고요. 아마 그 사람들도 미향 디제이의 보드라운 목소리를 잊지 못했던 모양이네요. 게다가 올드 팝송과 샹송, 칸초네, 라틴 음악 등 장르를 넘어 선곡하는 노래는 또 얼마나 아름다운지요. 사람이 많은 버스에서 간신히 자리를 잡고 당신이 골라준 노래를 듣다 보면 스르르 창문에 머리가 기울어 닿아요. 잔뜩 움츠러든 마음을 살살 풀어주는 기분이 들죠. 서툰 외국어로 제목을 알아듣지 못해도 음악이 전하는 온기만은 또렷하답니다. 미향 디제이가 그려주는 저녁을 언제나, 같은 마음으로 기다릴게요.

아주 느슨한 고찰

《꿈의 해석》

글 이주연

"지크문트 프로이트Sigmund Freud는 1856년 5월 6일에 태어났다."로
시작하는 글은 아무래도 읽고 싶지 않을 것 같다. 167년 전에 태어난
사람의 이야기를 어떻게 매력적으로 풀 수 있을까.

꿈의 해석

"나 어제 이상한 꿈 꿨어."라는 말에 귀가 쫑긋 선다. 주변 사람 꿈 이야기도 이토록 궁금한데
인류를 기록하기 시작한 이후로 꿈은 얼마나 큰 관심사였을까. 타인의 꿈 이야기는 마치
할머니가 해주는 옛날이야기처럼 흥미롭고 신선하다. 어디에선가 들어본 적 있는 것 같은 빤한
이야기여도 귀를 기울이게 된다. 꿈에 관심을 가진 사람은 많았고, 여전히 많다. 그 대표적인
인물이 지크문트 프로이트Sigmund Freud다.
프로이트는 심리학자이자 의사이고, '정신분석'이라는 분야를 만들어 낸 정신분석학자이기도
하다. 그가 자기 자신에 대한 정신분석을 했다는 이야기는 많이 알려져 있는데, 곰곰 생각해
보면 조금 무섭다. 성격 유형 검사도 사실은 내가 되고 싶은 나에 가깝고, 남이 보는 나는
다를 수 있다고들 하지 않는가. 그런데 내 정신을 객관적으로 바라보고 분석한다니 아무래도
보통 사람은 아닌 것 같다. 프로이트가 무의식의 세계를 탐구하면서 특히 중요하게 여긴 것
중 하나가 꿈이다. 많은 사람이 한 번쯤 들어본 적 있을 테다. 《꿈의 해석》이라는 그의 저서.
대학생 무렵이었나, 전공 서적이라는 걸 독파해 보겠다는 마음으로 서점에 가서 프로이트와
관련된 책을 몇 권 샀다. 그중 하나가 《꿈의 해석》이었다. 그때 그었던 몇 개의 밑줄을 다시
들여다보며 하고 싶은 말을 길어 올렸다. 아주 느슨하고 헐겁게. 어쩌면 제멋대로일지도 모를
나만의 해석으로.

꿈의 원천들

프로이트는 꿈에 관한 여러 용어를 만들었고, 개중 기본이 되는 건 '꿈 내용'과 '꿈 생각'인
듯하다. 꿈 내용은 꿈꾼 사람이 깨어나서 이야기하는 꿈의 줄거리를 말한다. 흔히들 "오늘
꿈에서 말야!" 하고 운을 떼는 그런 이야기. 꿈 생각은 꿈 내용을 구성하는 꿈의 기본 요소를
뜻한다. 꿈의 재료라고도 할 수 있을 테다. 보통은 꿈 내용이 현실에 기반한다고 하는데,
지금껏 꾼 꿈들을 생각해 보자. 꿈 내용을 항상 현실에서 찾을 수 있었나? 나의 경우는 너무도
아니다. 그래서 나는 꿈 내용을 말할 때면 항상 '개연성이 없다.'는 말을 덧붙여 왔다. 나 같은
사람을 위해 프로이트는 이렇게 말한다.

> "잠을 깼을 때 자신의 앎과 체험에 속하는 것으로 인정할 수 없는 재료가
> 꿈 내용에 나타나는 일이 있다. 사람들은 해당 사항을 꿈꾸었다는
> 것은 물론 기억하지만, 과연 그것을 체험했는지, 그리고 언제 그것을
> 체험했는지는 기억하지 못한다. 이때 사람들은 꿈이 어떤 원천으로부터
> 생겼는지에 관해서 확실하게 알지 못하고 꿈의 자발적인 활동을 믿으려고
> 한다."

맞아, 맞아. 확실히 그렇다. 나는 꿈에서의 나는 내가 아니며, 그 경험 또한 또 다른 세계,
꿈나라라 일컬어지는 그곳에서 만들어지는 거라 믿는다. 내가 이렇게 논리 없고, 개연성 없는
생각을 할 리가 없잖아!

"그러다가 드디어 긴 시간이 지난 후 어떤 새로운 체험이 과거 체험에 대한
잃어버렸던 기억을 되살리고 그렇게 해서 꿈의 원천을 발견하는 일이 자주
있다. 그러면 깨어 있을 때 기억 능력을 벗어나 있던 어떤 것을 우리들은
꿈꾸면서 의식하고 기억한다는 사실을 인정하지 않으면 안 된다."

생각해 보니 그런 적이 있던 것도 같다. 꿈에서 신발을 잃어버렸다.
나는 신발을 찾기 위해 동굴도 들어가고, 너른 벌판도 뛰었다. 있을 리 없는 작은 틈새까지
헤집었지만 찾을 수 없어 하릴없이 주저앉아 울었다. 속이 잔뜩 상한 채 집으로 돌아가려는데
길을 알 수 없었다. 나는 뒷걸음질치며 안개 속을 헤맸는데, 그러다 내 등이 누군가에게
부딪쳤다는 걸 알았다. 무의식적으로 아빠라고 생각했다. 나는 고개는 돌리지 않은 채, 뒤로
손만 뻗어 뒤에 선 남자의 양팔로 내 어깨를 휘감았다. 이 커다란 손은 아빠 것이 분명하다고
생각했는데, 내 눈앞에 잃어버린 신발을 들고 서 있는 부모님이 보였다. 그렇다면 내 등 뒤의
남자는 누구지? 흠칫 놀라 그 사람에게서 떨어져 뒤를 돌아보았다. 모르는 아저씨가 웃고 있다.
악몽이라며 엄마에게 설명했더니, 엄마가 그런다. "너, 어릴 때 아빠 앞에 두고는 모르는 아저씨
손 잡곤 "아빠!" 그랬잖아. 기억 안 나?"

꿈이란 기묘하다. 기억이란 신묘하다. 프로이트도 비슷한 사례를 풀어놓는다. 꿈의 주인공
이름은 델뵈프R. L. Delboeuf. 꿈 이야기가 길고 상세하게 설명돼 있지만, 납작하게 이야기하자면
대략 이렇다. 1862년에 그가 꾼 꿈속에서, 그는 어떤 식물의 이름을 정확하게 알고 있었다.
'아스플레니움 루타 무랄리스Asplenium ruta muralis'. 현실에서는 알지 못한 단어였으므로 그는
꿈에서 깬 뒤에 그것이 그저 꿈에서 만들어 낸 단어라고 생각했다. 그런데 웬걸? 그 단어는
실제로 존재하는 식물의 명칭이었다. (정확한 명칭은 아스플레니움 루타 무라리아Asplenium ruta
muraria다.) 수수께끼라고도, 우연이라고도 할 수 없는 일을 어떻게 해석할 것인가. 델뵈프는
이 꿈을 늘 수수께끼처럼 마음에 품고 있었는데, 결국 그 해답을 찾게 된다. 무려 꿈을
꾼 지 16년 뒤의 일이다. 그는 친구 집에서 한 식물 표본집을 보게 된다. 거기서 꿈에 나온
'아스플레니움'을 발견했고, 그 표본집에서 자신의 필체로 적힌 라틴어 단어를 발견한다.
그 친구의 누이동생이 언젠가 오빠에게 선물하고 싶다며 그에게 라틴어 명칭을 적어달라고
부탁했던 먼 옛날의 경험이 거기 고스란히 남아 있던 것이다. 이 일은 델뵈프가 꿈을 꾸기
2년 전인 1860년에 일어났다. 그러니까 꿈에 등장한 그 식물의 이름은, 델뵈프는 기억하지
못하지만 분명히 자신이 한 자, 한 자 적어 넣은 식물의 이름이었던 것이다.

꿈의 재료들

프로이트는 꿈의 원천은 네 종류라고 말한다. 첫째는 외적(객관적) 감각 자극, 둘째는 내적(주관적)
감각 자극, 셋째는 내적(기관의) 신체 자극, 넷째는 순수한 심리적 자극 원천이다. 외적인 감각
자극으로서의 꿈의 원천은 이런 것이다. 자는 동안 묵직한 베개가 어쩌다 배 위에 놓였다면,
우리는 바위에 깔리는 꿈 비슷한 것을 꾸게 된다. 프로이트의 꿈의 해석은 이러하다. "침대에
비스듬히 누워서 발이 침대 모서리 밖으로 나오면, 우리는 등이 오싹한 낭떠러지 끝부분에
서 있거나 가파르고 높은 곳으로부터 떨어지는 꿈을 꾼다." 얼마 전 친구에게 이런 이야기를
들었다. 너무 추워 감기에 걸리는 꿈을 꿨는데, 눈을 떴을 때 에어컨 온도가 지나치게 낮아서
방 안이 서늘했다는 이야기였다. 이 꿈의 원천 역시 외적 감각 자극이 아닐까. 이러한 신체적인
요인이 아니더라도 내부에서의 이야기, 즉 심리적인 요인도 꿈에 싱킹인 생양을 미신나. 나는

해야 할 것이 있으면 (좋은 것이든, 나쁜 것이든) 빨리 해치워야 하는 성격인데, 자의로 빠르게
해결할 수 없을 경우(중대한 회의, 면접, 친구와의 화해 등) 스트레스를 굉장히 크게 받는다. 그런
스트레스가 꿈에 반영되는 날이면 꿈에서 그 일을 해치우는 데 매진한다. 이를테면 크고
묵직한 회의가 내일 예정돼 있을 때 간밤 꿈에서 계속 회의 준비를 하는 식이다. 잔뜩 긴장한
채 시뮬레이션하면서 주절주절 말로 꺼내보기도 하고, 어떤 옷을 입고 가야 좋은 인상을 줄까
고민도 한다. 그렇게 수 시간을 준비했는데 깨고 나면 준비되지 않은 내가 침대에 있고, 그
회의라는 것은 아직 해결되지 않은 채 남아 있다. 꿈에서 이미 한바탕 해치운 일을 또 해내야만
한다니, 고통스러운 일이다. 현실에서의 스트레스가, 심리적인 어떤 것이 꿈에 영향을 미치는
것은 확실하다.

우리는 아침에 눈뜨고 곧잘 꿈을 잊는다. 완전히 잊혀 '꾸지 않았다.'고 생각할 때도 있고,
'기억날락 말락 하네.' 하고 갸웃거릴 때도 있다. 프로이트는 이를 "아침에 꿈이 녹아
없어진다Zerrinnen."고 말한다. '다 까먹었어!'라든지 '기억이 안 나!'라는 말보다 꿈과 훨씬
잘 어울린다. 반대로 너무 선명하게 기억나서 이상한 꿈도 있다. 바로 오늘, 누군가에게 "꿈이
너무 생생해서 현실 같았어."라는 이야기를 들었다. 프로이트 역시 비슷한 이야기를 한다.
"지금부터 최소한 37년 전 나 자신이 꾼 꿈을 기억할 수 있다. 그렇지만 그 꿈에 대한 기억의
생생함은 전혀 손상되지 않고 있다." 이것이 정말 가능한 일일까? 한 번도 경험한 적 없기에
별세계 이야기처럼 생소하다. 이처럼 꿈이란 모호하고, 이상하고, 아름답고, 기묘하다.

꿈속의 나들

프로이트는 꿈이 '소원 성취Wunscherfüllung'라 말한다. 그 소원 성취란 물 떠 놓고 비는 그런
간절한 소원일 수도 있지만 아주 소소한 욕구의 충족이기도 하다. 프로이트는 소원 성취로서의
꿈을 '갈증'에 빗대 이야기한다.

"내가 내 마음대로, 말하자면 실험적으로 생기게 할 수 있는 꿈이 있다.
저녁 식사에서 내가 정어리나 올리브, 또는 아주 짜게 소금에 절인
음식을 먹는다면, 밤중에 나는 갈증을 느껴서 잠을 깬다. 그러나 깨기
전에 나는 매번 똑같은 내용을, 곧 물 마시는 꿈을 꾼다. 나는 벌컥벌컥
물을 마시며, 우리들이 목마를 때 한 모금의 시원한 물이 맛있는 것처럼
내게는 물맛이 너무 좋다."

자다 깨는 일이 잘 없지만 간혹 깨면 꼭 냉장고로 간다. 차가운 보리차를 딱 열두 모금(왜인지
모르지만 강박적으로 열두 모금을 마신다.) 마시고 다시 잠에 드는 것이 간밤의 패턴이다. 나는
기억하지 못하지만, 어쩌면 나는 물을 마시기 전에 보리차를 꿀꺽꿀꺽 마시는 꿈을 꾸었던 걸까?

"나는 잠을 잘 자는 사람이고 욕구로 인해서 잠에서 깨어나는 일에
익숙하지 않다."

내가 꼭 이런 사람이다. 나는 잘 땐 잠보다 더 귀한 게 없다. 그래서 가위가 눌려도, 갑자기 쥐가
나무, 팔목에 시달려도 잘 깨지 않는다

"물 마시는 꿈을 통해서 내 갈증을 달랠 수 있다면, 갈증을 해소하기 위해서
깨어날 필요가 없다. 따라서 그것은 쾌적한 꿈Bequemlichkeitstraum이다.
꿈은 평소 깨어 있는 삶에서처럼 행동을 대신한다."

그러니까, 나는 기억하지 못하지만 꿈속의 내가 나를 대신해서 차가운 보리차 열두 모금을
마셔줬을지도 모르는 일이란 건가? 그 꿈으로 나는 욕구를 해결하고(해결했다고 믿고) 깨지
않아도 될 만큼 만족감을 느꼈다는 걸까? 그렇다면 꿈속의 나는 진짜 나인가? 내가 인지하지
못하는데도?

무구한 꿈들

프로이트는 자신의 환자들뿐 아니라 아이들의 꿈 역시 해석의 소재로 삼았다. 그는 아이들의
꿈은 대체로 단순한 소원 성취라고 말한다. 풀어야 할 복잡한 수수께끼는 없고, 마음으로
원하는 것들을 꿈으로 성취하는 사례가 수집되었으니 말이다. 그는 이러한 이야기를 옮기며
꿈 이야기를 하나씩 읊는데, 그 이야기들이 참으로 좋았다. 아이들의 꿈은 복잡하지 않고
무구하다. 그들이 원하는 건 소소하고, 직관적이고, 자연스러운 욕망이다. 어른의 꿈은 때때로
해석되고 나면 탐욕스러운 모습이나 베일에 가려진 지저분한 욕망이 보기 좋지 않을 때가
있는데, 아이의 것은 대체로 순하고 선해서… 어쩐지 웃음이 난다.

"당시 세 살 4개월 된 내 딸아이가 아우스제 경치의 아름다움에 자극을
받아 꾼 꿈도 마찬가지로 솔직하다. 딸아이는 처음으로 배를 타고 호수를
지났는데, 호수를 건너는 시간이 딸아이에게는 너무 빨리 흘러갔다.
선착장에 배가 도착하자 딸아이는 배에서 내리려고 하지 않고 심하게
울었다. 다음 날 아침 딸아이가 이렇게 이야기했다. "어젯밤에 나는 배를
타고 호수를 건넜어." 바라건대 꿈에서 계속해서 배를 타는 것이 딸아이를
한층 더 훌륭하게 만족시켰으면 한다."

이 대목을 읽으면서 혼자 처음으로 간 해외여행을, 그곳에서 꾼 꿈을 떠올렸다. 목적지는
오키나와. 여름이 네 번째로 좋던 내가 그곳 해변에서 볕을 쬐면서 처음으로
"여름 사랑해!"라는 말을 해보았다. 피부가 까매지는 게 싫어 항상 꽁꽁 가리고 다니던 건 거짓인
양 기꺼이 짧은 소매의 옷을 입은 채 햇빛에 순수하게 몸을 맡긴 순간을 선명하게 기억한다. 그날
밤 나는 이 여행이 끝나지 않았으면, 여름밤이 계속되면 좋겠다고 생각하면서 낯선 이국땅에서
울고 말았다. 그날 꿈에서 나는 아무도 없는 해변에 나 홀로 서 있었다. 모래사장에 발을 묻기도
하고, 자전거를 타고 바닷가를 달리기도 했다. 그것은 영화 〈안경〉(2007)에 나오는 사쿠라 씨의
자전거(뒤에 커다란 짐이나 사람을 태울 수 있는 세발자전거)랑 닮아 있었고, 나는 모래사장에서
주스를 파는 한 할머니를 만나게 된다. 그 할머니는 나였다. 나중에 나이가 들면 오키나와에서
생과일주스를 팔면서 살고 싶다는 내 꿈이, 간밤의 꿈에서 성취된 것이다.

왜곡된 꿈들

꿈이 소원 성취에만 가 닿는다면 모든 꿈이 달콤할 텐데, 우리 몸은, 정신은 늘 건강하기만 한
건 아니어서 꿈은 때때로 고통이기도 하다. 실제로 프로이트는 모든 꿈을 해석하고자 했지만
자신의 꿈을 '엉터리'라고 여긴 적이 있었다. 그러나 꿈을 해석하고자 긴 시간 노력해 온 자신이
그런 태도를 가져선 안 된다고 상기하며 다시 한번 꿈을 해석한다. 그가 엉터리라 말한 꿈의
내용은 이렇다. 프로이트는 꿈속에서 범죄를 저지른 삼촌 A를 만난다. 아버지는 A를 두고
언제나 이렇게 말했다. "나쁜 인간은 아니지만 머리가 모자란다."고. 어떤 연유에서인지 꿈에서
삼촌 A는 그의 친구인 B였다. 이 꿈을 해석하기 전에 현실에서 일어난 일을 두 가지 이해할
필요가 있다. 하나는 프로이트와 B가 모두 교수로 추천받았다는 사실이다. 또 다른 하나는 동료
C와 교수 임용에 관해 대화 나눌 때, 그가 이런 말을 했다는 사실이다. "언젠가 어떤 사람이
나를 법적으로 고발한 사실을 당신도 알지 않습니까? 아마도 교육부의 사람들은 나에 대한
이 일을 빌미로 나를 임명하지 않는 것 같습니다." 프로이트는 종교적인 이유로 (그가 유대인이기
때문에) 교수를 비롯한 공직엔 오를 수 없다고 생각하여 일찍이 체념한 상태였다. 그러나 꿈은
프로이트의 또 다른 마음을 반영했다. 꿈속에서 친구 B가 삼촌 A라면, B는 A 같은 바보에
범죄자다. 덧붙여 동료 C가 범죄를 이유로 임명되지 못했다면, 그리고 프로이트는 범죄를
저지른 사실이 없다면 프로이트는 교수가 될 수도 있는 것이다. 프로이트는 바보도, 범죄자도
아니니 말이다. 프로이트는 자신의 꿈을 해석하면서 이렇게 말한다. "이 얼마나 믿을 수 없고
몹시 불쾌한 이야기인가!"

가끔 어이없을 정도로 투명한 욕망이 드러나는 꿈을 꿀 때가 있다. 한번은 꿈속에서 (약간)
부도덕한 일을 저지른 적이 있다. 나는 꿈과 나를 별개로 두고 '꿈은 꿈일 뿐이잖아.'라며
무용담처럼 그런 이야기를 여기에 쓸 수 없다. 꿈이 내 무의식의 일부라는 것을 알기 때문이고,
그렇다는 것을 프로이트가 이렇게 세세히 알려주었기 때문이다. 아, 무의식아, 제발, 좀!

아무래도 좋은 꿈은 없다

프로이트는 꿈의 원천을 알기 위해 꿈 내용에 등장하는 요소들과 경험을 비교한다. 그리고 그는
"꿈꾼 날에 앞선 바로 전날"의 경험이 그 이전의 경험보다 꿈의 원천에 더 큰 영향을 미친다고
이야기한다. 그가 해석한 꿈 내용 중 하나는 이런 것이었다.

> <u>꿈 내용</u> 나는 길거리에서 두 여인을 보는데 그들은 어머니와 딸이고 두 사람 중
> 딸은 나의 환자였다.
> <u>꿈의 원천</u> 치료 중인 한 여자 환자는 그녀의 어머니가 치료를 계속하지 못하게
> 얼마나 심하게 반대하는지를 전날 저녁에 나에게 말했다.

나는 이 챕터를 읽으며 경험이 얼마나 중요한지 생각했다. 오늘 일어난 일이 오늘 밤 꿈에
영향을 미친다면, 오늘을 잘 살아가는 게 역시 중요하다는 걸 깨달은 것이다. '꿈을 위해서
현실을 잘 산다.'는 건 어딘가 어긋난 말 같지만, 어쨌든 꿈 역시 하나의 경험이기에 허투루
어릴 순 없다. 섬에라 내 생인에 힘키위 일이어도 내가 통제할 수 없고, 내 마음내도 힐

수도 없는 것이기에 웬만하면 좋은 쪽으로 이끄는 편이 좋겠다 싶다. 악몽을 꾼 다음 날의
찌뿌드드함과 뻐근함, 미지근한 불쾌감을 없애기 위해서라도 오늘의 사건들은 중요하다.
오늘 밤을 위해서라도.

"꿈은 무해하기 때문에, 통제 불능이라는 명백한 사실에도 불구하고
두려운 것으로 인식되지 않는다.
그러나 프로이트는 이렇게 질문한다. "이봐! 정말 그래도 좋은 거야?
자기 머릿속에 뭔가 전혀 통제할 수 없는 것이 있어도 괜찮다고?" 곰곰이
생각해 보면, 전혀 아무렇지 않은 것은 아니다. (중략)
꿈은 그 세계 안에서 경험을 대체할 수 있다. 꿈이 그 짧은 시간 동안
가상과 실재를 뒤섞고 실재의 경험을 오해하게 만들 수 있다면…"
— 양자오, 《꿈의 해석을 읽다: 프로이트를 읽기 위한 첫걸음》 중에서

언젠가 읽은 추리 소설 줄거리가 떠오른다. 소설은 아주 두꺼웠고, 수 권에 걸쳐 이야기가
진행된다. 게임 세계와 실제 세계의 주인공 이야기가 교차 서술되는데, 그 서술 속에는
주인공이 차차 게임에 빠져들어 가는 과정이 매우 묵직하게, 재미있게, 흡입력 있게 서술되어
있다. 처음엔 그저 게임을 좋아하는 남자였는데, 그는 점점 더 게임에 빠져들고, 나중에는
지독하게 중독되어 현실과 게임을 구분하지 못하게 된다. 마지막엔 결국 게임에서처럼 무기를
휘두르며 실제 세계로 뛰쳐나가는데…. 이 작품에 등장하는 게임을 꿈으로 바꾸어도 이상하지
않을 것 같다. 게임 세계에서의 경험도 경험이다. 마찬가지로 꿈에서의 경험도 경험이다.
그러나… 게임 세계 캐릭터는 내가 통제할 수 있는 반면, 꿈에서의 나는 그렇지 않다. 그래서
신비롭고, 그러므로 공포다. 그런 점에서 프로이트는 꿈을 중요하게 생각했다. 《꿈의 해석》을
쓰기 이전부터 이런 생각을 해왔던 것은 아니라고 한다. 오히려 이 책을 출간하고 꿈을 더 깊이
파고들게 됐는데 그 과정에서 '통제할 수 없다'는 것에 집중하게 된다. 내 것인데 내가 결정할
수 없다, 내 경험인데 내 의도로 실행할 수 없다. 그런 세계가 잘 때마다 우리 머릿속에서
만들어지고 펼쳐진다. 실로 섬뜩하다고 생각하면서 프로이트의 '해몽 책'에 나는 점점
빠져들었다. "그런데도 긴장되지 않는가? 두렵지 않은가? 적어도 그에 대한 호기심이 생겨나지
않는가?" 책에 얼굴을 좀더 가까이 가져다 대며 한 문장, 한 문장을 또박또박 읽는다. 그렇게
하면 꿈에 관한 단서가 나올 것처럼, 오늘의 꿈이 좀더 깨끗하고 무구해지기라도 할 것처럼.

잠을 마주하는 고민은 대체로 두 가지다. 두 고민 모두 인간의 나약한
의지만으로 해결하기엔 어려운 터라, 우리는 곧잘 커피와 술에 기대를
건다. 무거운 눈꺼풀을 올려주길, 온몸에 긴장을 풀어 나른해지길
바라며 마시는 한 모금은 씁쓸하기도 알딸딸하기도 하다. 커피와 술을
한 번에 맛볼 수 있는 공간을 소개한다. 잠에 대한 어떠한 고민이든
이곳에 내려두자.

깨거나 또는 부르거나

에디터 이명주

푸어링아웃

검은 밤 속으로 무작정 걸음을 옮겨보곤 한다. 이건 잠을 부를 때나
쫓을 때나 마찬가지다. 잠이 나의 말을 도무지 듣지 않으니, 몸을
움직여 어르고 달래다 겁을 줘 보기도 하는 것이다. 그러나 세상은
이미 깜깜해졌다. 문을 닫은 상점들과 고요한 골목을 아쉬운 마음으로
바라보다가 어디든 불빛이 새어 나오는 곳으로 다가가 본다. 그렇게
발견한 장소가 바로 푸어링아웃. 한낮이었으면 차와 사람으로 붐볐을
연희동 골목에서 한 번 더 안쪽으로 들어가면 푸어링아웃이 보인다.
다크 초콜릿색 의자와 테이블은 정연하게 놓여 있고 공간에는 누군가의
신청곡이 울려 퍼진다. 에스프레소 메뉴를 훑어보다 플랫화이트를
주문했다. 작은 컵 안에서 우유와 샷이 층을 만드는데, 스푼을 넣어
경계를 무너뜨린 후 한 모금 마시면 고소한 풍미가 퍼진다. 아이덴티티
커피 원두 중 견과류의 뉘앙스를 살린 칠린 블렌드를 사용한 점도
진한 맛에 몫을 더한다. 부쩍 선선해진 탓인지 컵과 소서를 든 채로
뱅쇼를 마시는 사람들이 눈에 띈다. 레드 와인에 시나몬 스틱, 레몬과
오렌지, 사과 등을 넣고 한소끔 끓인 뱅쇼는 술의 색과 향은 여전하지만
알코올이 흩어져 가볍게 마시기 좋다. 특히 푸어링아웃의 뱅쇼는 찾는
이들의 취향을 아우르기 위해 단맛을 충분히 살렸다. 차갑게 마시는
것도 가능하지만 따뜻한 편이 싱그러운 과육과 씁쓸한 끝맛이 여운을
남기고 컵에서 전해지는 온기도 즐길 수 있다. 음료 한 잔을 비우는
일에 온전히 집중해 보자. 잠을 떠올리며 애태우던 마음이 어느새
잠잠해질 테니.

선선한 계절과 어울리는
커피와 뱅쇼

신청곡을 비롯하여
몰입을 이끄는 음악이 재생되는 플레이어

A. 서울 서대문구 연희로11나길 7-7 반지층
H. instagram.com/pourinlg_outl
O. 매일 18.00~22.00

무용소

옥인동 좁은 골목을 걷다 보면 유난히 시선을 끄는 공간이 있다.
동그라미를 네 조각으로 잘라놓은 듯한 테이블과 매거진 여럿,
반대쪽 벽을 차지한 위스키까지, 이 모든 것을 끌어안은 무용소다.
무용소는 술과 여행, 디자인 등 주인장의 취향이 스며든 비정형의
공간으로, 프리랜서 에디터로 활약하는 그가 일상에서 즐기는 위스키를
한자리에서 소개한다. 싱글몰트 위스키 중 하나인 글렌피딕을 주문하자
둥근 컵에 황금빛 액체를 담아 초콜릿과 함께 건넨다. 버번과 셰리
오크에서 숙성되어 달콤한 풍미를 가진 글렌피딕은 기간이 오래될수록
부드러워진다는 설명이 곁들어졌다. 한 모금 마셔보니 꿀의 향과
맛에 씁쓸함이 더해졌는데, 정도가 날카롭지 않아 온몸에 기분 좋은
열기가 돈다. 위스키를 좀더 가볍게 마셔보고 싶다면 담백하고 깔끔한
무용소만의 하이볼을 추천한다. 세 종류를 반 잔씩 마셔보며 비교할 수

있는 '위스키 테이스팅 샘플러', 평일 오후 6시 이전에 주류를 주문하는
이들에게 2천 원씩 할인해 주는 '해피 아워'도 진행 중이다. 메뉴판
한편에는 애정하는 동네 카페의 원두로 내린 드립 커피와 헬카페의 콜드
브루, 두 가지의 차도 마련되어 있다. 보통 위스키 등 높은 도수의 술을
연달아 마실 때 입가심을 위한 음료나 술을 '체이서Chaser'라 부르는데,
무용소에서는 커피를 술의 대척점이 아닌 같은 선상에 두고 체이서로
활용해 보길 추천한다. 곧잘 무용하다고 여겨지는 커피나 술을 꼭
끌어안은 채로 새로운 의미를 발견해본다.

얼린 포도와
곁들이기 좋은 위스키

A. 서울 종로구 옥인길 26

H. instagram.com/mooyongso

O. 화·목·금·일 15:00-4:00, 금·토요일 15:00 00:00,
    월·일요일 휴무

주인장이 소개하는 매거진과
도시, 업사 틀이 구조

오무사

황정은의 소설 《百의 그림자》에는 '오무사'라는 이름의 전구 가게가
등장한다. 머리칼이 하얗게 세어버린 주인은 손님이 부탁한 전구를
찾기 위해 가게 안을 천천히 더듬는다. 급한 기색 하나 없이 정성스레
포장하고, 혹여 전구가 말썽일지도 모르니 하나를 더 얹어주는 다정한
가게다. 서촌 통인시장 근처 야트막한 오르막 너머에는 전구 가게의
이름을 빌린 작은 바 하나가 있다. 누구도 아침을 기다리지 않는 듯,
어둑한 공간에서 밤을 즐기는 사람들이 모인 곳이다. 오무사만의
칵테일과 위스키, 와인 그리고 디저트까지 다양한데, 메뉴판을 넘겨
보다 '백의 그림자'라는 이름의 칵테일과 핸드드립 커피 한 잔을
주문했다. 소설 속 문장처럼, 전구 가게의 백발 주인처럼 '서두르는
법 없이, 그렇다고 망설이는 법도 없이' 두 잔의 음료가 테이블에
올려졌다. 쑥으로 만든 압생트와 화이트 와인을 섞은 '백의 그림자'는
향으로 먼저 맛보았다. 와인의 산미가 만드는 상큼함을 느끼며 마침내
입으로도 흘려보니 향긋한 허브 내음이 맴돈다. 붉어지는 볼을 모른
척하며 꼴깍꼴깍 마시기도, 잔의 얇은 목을 감싸 쥐며 영롱한 연둣빛을
감상하기도 좋다. 차가운 커피는 칵테일보다 단순하고 깔끔한 맛이다.
스페셜티 원두를 일주일 단위로 바꿔가며 사용하기 때문에, 강배전부터
약배전까지 들를 때마다 다채로운 한 잔을 즐길 수 있다. 곁들일
디저트로는 피스타치오 케이크를 추천한다. 단단한 크림과 시트가 쉽게
뭉개지지 않아 음료와 즐기기 알맞다. 무거운 격식을 내려둔 채 느긋한
마음으로 당도하는 오무사에서 한 잔의 시간이 무르익는다.

한가로이 저녁을 보내는
편안한 자리

향긋한 칵테일과
고소한 피스타치오 케이크

A. 서울 종로구 필운대로9길 1

H. instagram.com/bar.omusa

O. 월–목요일 17:00-24:00, 금요일 17:00-1:00,
   토요일 14:00-1:00, 일요일 14:00-24:00

하루 중 가장 나답게 보내는 시간을 곰곰 헤아려 본다. 편안한 옷을 입은
채로 좋아하는 것에 손을 뻗는, 잠들기 전이 아닐까. 나른한 햇살을 옆에
둔 낮이든 하루의 문을 닫는 밤이든, 우리는 잠의 곁에서 익숙한 기쁨과
만난다. 누군가의 시선도 개의치 않고 오로지 나로서 존재할 수 있는
시간, 그 틈을 채울 무언가를 둘러본다.

가장 나다운 시간

에디터 이멸주

시킨 헨끼, 플립스, 써숴르이스

몸을 데우는 한잔, 델픽

고대 그리스에서는 중요한 사항을 결정할 때마다 신에게 조언을 얻으려 했다. 신이 사람을 매개자로 하여 물음에 대답하는 일, 즉 신탁이 이루어지던 공간을 '델픽'이라 불렀다. 주어진 상황에 몰입하여 맞닿은 문제의 실마리를 풀어내듯, 델픽Delphic은 차를 통해 삶의 중요한 순간에서 심신을 정돈하도록 안내한다. 시그니처 블렌딩 티는 카페인과 디카페인을 모두 개발했는데 자연스러운 맛을 추구한다. 화려한 노트들은 잠시 인상적일지 모르지만 온전한 시간을 방해하는 뾰족함으로 다가오기 때문이다. 찻잎의 품질을 가려내는 과정에서, 고소함과 달콤함 등의 밸런스를 조절하여 서로 다른 특색을 지닌 여섯 가지 차가 만들어 졌다. 차는 미각의 영역에 속해 있는 터라 직접 경험하지 않으면 감각적으로 와닿기 어려운데, 이런 아쉬움을 델픽은 디자인과 테이스팅 노트라는 요소로 달랜다. 먼저 차에 담긴 풍미는 패키지 일러스트와 컬러로 드러내고, 차의 특징은 수색과 향, 맛으로 구분하여 정리했다. 비율로 표현된 다섯 가지 향과 여섯 가지 맛으로 한 잔의 시간을 짐작해 보고, 델픽이 소개하는 다구까지 곁들인다면 섬세한 감성을 만끽할 수 있다. 자기 전, 따뜻한 차로 몸과 마음을 데워보자.

"누구에게나 깨어 있는 시간을 치열하게 보내는 시기가 있습니다. 하루를 바삐 보내는 데만 집중하는 나날이 이어지면, 일상을 느끼는 오감이 둔해지곤 해요. 공들여 차를 내리고 마시는 행위, 눈을 감고 몸을 이완하는 행위는 오롯이 자신에게 집중하도록 도와줍니다. 델픽과 함께 빠르게 흘러가는 일상에서 균형을 찾고, 건강한 루틴으로 감각을 일깨워 보세요."

1.

2.

H. delphic.kr

1. 샹그릴라, 드미테라

꾸준히 사랑받는 시그니처 디카페인 티. 깊은 숲속의 이미지를 향과 맛으로 표현한 샹그릴라는 레몬그라스와 레몬 버베나, 펜넬, 바질 등 순수한 허브 원료만을 배합했다. 드미테라는 카카오 쉘과 베리의 달콤함이 풍부한 티로, 은은한 시나몬 향과 루이보스의 산미가 조화롭다. 쓴맛이 거의 없어 밀크티 베이스로도 알맞다.

2. 버블 유리잔, 유리 숙우

윤태성 작가와 협업한 티웨어. 계동에 자리한 델픽 매장에서 시그니처 티를 아이스로 주문했을 때 이 유리잔과 숙우에 담아 제공한다. 유리라는 소재와 질감이 음료를 아름답게 보여준다. 내구성이 뛰어나며 무게감이 부담스럽지 않아 자주 손이 간다.

피어오르는 고요함, 콜린스

1969년 7월 20일. 그날은 인류가 처음으로 달에 발을 내디딘 날이자 '태초의 아담 이후 가장 외로웠던 인간'이 탄생한 날이다. 아폴로 11호 사령선 조종사 마이클 콜린스는 동료들이 환호를 얻는 순간, 달 뒤편에서 모든 통신이 단절된 채로 역사상 가장 조용한 순간을 맞이했다. 모두가 안타까워했지만 그는 지극히 개인적이었던 그때를 만족감과 해방감으로 회상했다. 지구가 내려다보이는 자리에서 따뜻한 커피까지 마셨다고 하니, 우주선을 채운 고요함과 평화가 얼마나 아늑했을지 가늠해 본다. 콜린스Collins는 우리에게도 각자만의 "콜린스 모먼트"가 존재한다고 믿는다. 나 자신만을 위한 시공간에서 편안함과 충만함, 사소한 즐거움을 느끼는 순간을 발견하길 바란다. 그래서 가장 먼저 주목한 것이 바로 향이다. 좋은 기억으로 남아 있는 장면은 모두 고유의 향을 지니고 있다.

피어오르는 향을 쉽게 즐기기 위해선 인센스를 사용하는 데 방해물이 없어야 했다. 그 결과 인센스와 홀더, 트레이까지 콜린스는 단 하나의 제품에 모두 담았다. 이 제품을 통해 인센스의 매력을 느끼게 된 고객들도 많다고. 한 손에 알맞게 쥐어지는 콜린스 인센스 하나면 사소한 순간도 분위기로 마음에 기록된다.

"잠이란 삶을 채우는 주요한 요소지만 원하는 만큼 얻을 수 있는 것은 아닙니다. 나름의 준비와 더불어 어떤 태도로 대하느냐에 따라 달콤한 휴식을 만끽하는 정도가 달라질 거라고 생각해요. 잠과 휴식을 짙은 농도로 누리기 위해서는 나를 보듬는 시간이 필요합니다. 콜린스는 언제나 좋은 이야기와 제품으로 당신의 지극히 개인적인 순간을 도울게요."

H. collinslife.co

1.   2.

1. 인센스

'향과 분위기를 즐기는 일은 누구에게든 쉬워야 한다.'는 생각을 담은 올인원 인센스. 콜린스만의 독창적인 구조로 슬라이드 케이스를 열면 홀더 역할을 하는 클립이 포함되어 있다. 과수원의 흙, 플로럴, 샌달우드와 과일, 아쿠아 등 다양한 내음을 만끽할 수 있다.

2. 인센스 매치

빈티지한 매력이 묻어나는 육각기둥의 성냥갑. 성냥개비 70개가 담겨 있으며, 뚜껑을 여닫는 구조로 안전하게 보관할 수 있다. 성냥을 꺼내 겉면에 발라진 적린에 긁어 타오르는 불꽃을 마주한다. 분위기를 즐기는 김에 기쁜 내사를 마비낼

잠시 멈춘 자리, 퍼즈플리즈

휴식을 취해보려는 찰나, 문득 생각이 떠오른다. 곧이어 꼬리를 물듯 고민과 불안도 줄 잇는다. 복잡하게 꼬인 생각 더미에서 헤어 나오지 못할 때 "잠시만!"을 외치는 브랜드가 있다. 바로 퍼즈플리즈Pause Please. '플레이Play'와 '스톱Stop' 사이 '퍼즈Pause'와 눈을 맞춘 이곳은 바깥과 실내 사이에 멈춰 서서 흥미로운 아이디어를 아이템에 담는다. 퍼즈플리즈의 중심에 파자마가 자리한 이유는 브랜드를 꾸린 이들의 경험이 녹아 있다. 잠옷은 편하지만 가벼운 외출에는 입을 수 없었고, 주머니가 없거나 너무 얇은 소재라 금방 망가져 버리는 게 아쉬웠다. 퍼즈플리즈의 파자마는 오렌지와 코랄, 그레이민트, 스카이블루, 샌드베이지 등 다채로운 컬러로 마련되어 취향 따라 선택할 수 있고, 착용 시간이 길어도 접합 부분이 쉽게 망가지지 않는 봉제 방식을 선택했다. 잠을 다루는 브랜드이기에 지나치게 수수하거나 잔잔할 거라는 예상도 가볍게 뒤집는데, 매 시즌 감각적인 광고와 슬로건을 제작해 톡톡 튀는 에너지를 선보인다. 모든 영감은 집에서 나온다고 믿는 퍼즈플리즈는 그들만의 방식으로 편안한 시간을 보내는 사람들을 응원한다. 퍼즈플리즈 덕분에 휴식과 행위의 시간, 즉 잠옷을 입고 머무는 모든 시간이 즐겁다.

"우리는 매일 다양한 자극을 받아요. 자극에서 에너지가 탄생하기도 하지만, 가끔은 오히려 멈춤으로써 우리에게 더 많은 선물이 도착한다고 생각해요. 잠은 쉼표의 시간이자 회복의 행위입니다. 모두에게 가장 편안하고 행복한 공간인 집에서 멈춘 자리에 무엇이 남았나 살펴보세요. 퍼즈플리즈도 그 곁을 지킬게요."

H. pause-please.com

1.

2.

1. 이태리 코튼 블랭킷   포근함과 따스함이 특징인 이태리 원사로 제작한 블랭킷. 고급스러운 소재와 'HOME' 레터링을 가득 채운 디자인이 눈에 띈다. 머무는 공간의 감각을 높여줄 인테리어 소품으로 활용하기에도 알맞다.

2. 코튼 파자마   넉넉한 품과 다양한 사이즈로 남녀 모두 즐길 수 있는 파자마. 순면 소재에 통솔 봉제로 마감하여 유 형태가 쉽게 무너지지 않는다. 여러 가지 컬러 옵션으로 상하의를 다르게 조합해 나만의 파자마를 만들 수 있다.

SIMMONS

캘리포니아Pool in California 편

스피닝볼Spinning Ball 편

크로케 볼Swoosh 편

볼 스윙Swinging 편

잠자리라는 방공호

에디터 이주연

시민 시론즈

어렌지 나무Orange Drops 편

에어펌프The Pump 편

젤로 Jello 편

스프링클러Sprinkler 편

시몬스 2022 브랜드 캠페인 '오들리 세티스파잉 비디오Oddly Satisfying Video'

'흔들리지 않는 편안함'은 이미 오래전에 굳어진 명제다. 시몬스는 여기 안주하지 않고
그 너머를 향해 간다. 2023년, 시몬스는 말한다. "침대에 미친 시몬스의 집념을 담겠다."고.

흔들리지 않는 편안함을 넘어

우리는 침대 위에서 많은 일을 한다. 잠이 오지 않는 깊은 밤이면
한 마리, 두 마리, 세 마리… 양을 세기도 하고, 세상모르게 단잠에 빠져
코를 골거나 이를 갈고, 침을 흘리며 침대보를 적시기도 한다. 때로는
영화나 드라마를 틀어 두고 침대에 엎드려 보기도 하고, 몰래 과자를
먹으며 달콤한 일탈에 빠져들기도 한다. 세어 보면 의식하지 못한 사이
침대와 한 몸인 순간이 차고 넘칠 테다. 모든 가구가 그러하듯, 침대
또한 자주 사들이는 물건이 아니기에 한 번 고를 때 신중해야 한다.
견고함과 아름다움, 그리고 안전을 두루 따져보아야만 한다. 독일 전설
중에 잠의 요정이 어린이의 눈에 모래를 뿌려 잠들게 한다는 이야기가
있다. 잠의 요정이 잠들기까지의 우리를 지켜주는 거라면, 그들이
떠나고 난 뒤 우리를 지키는 건 안전하고 튼튼한 침대일지도 모른다.
"흔들리지 않는 편안함, 시몬스 침대."라는 목소리를 기억하는 사람은
여전히 많다. 매트리스 위에 묵직한 볼링공을 떨어뜨려도 볼링 핀이
쓰러지지 않는, 스프링의 우수함을 보여주기 위한 1995년도 시몬스
광고 멘트가 그것이었다. 시몬스는 오늘날에도 여전히 편안함을
고집한다. 그러나 편안함을 전부라 생각하진 않는다. 수면은 편안함을
넘어 건강에 닿아 있다고 믿으며 더 건강한 잠에 가까이 다가선다.
시몬스가 끊임없이 만들어 온 것, 계속해서 생각해 온 것은 내 가족의,
우리의 건강이었다. 그것은 침대를 향한 집념이면서 사람을 향한
마음이기도 하다.
우리는 매일 밤 침대에 몸을 비비며 잠을 청한다. 피부에 직접 닿는다는
것만 생각해 보아도 침대는 중요하다. 대단히 아름다운 침대일지라도
피부에 상처를 내거나 너무 가볍게 해진다면 그것을 좋은 침대라
이야기할 수 있을까. 긴 시간 편안함을 지켜낸 시몬스는 오늘날 그들의
사명을 이렇게 말한다. "시몬스는 사람의 건강을 책임진다."고.

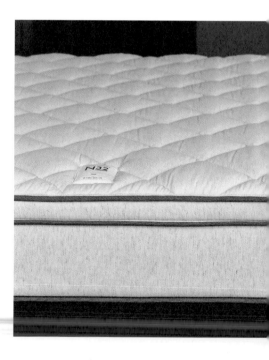

왜 다른지, 무엇이 다른지

누구나 잠을 자지 못한(않은) 경험이 있을 테다. 일이 많아서, 친구들과
노느라, 밤새 드라마를 정주행하느라, 과제 하느라…. 어떤 이유에서건
잠을 제대로, 제때 자지 못하면 안색이 변한다. 눈 주위가 거뭇해지고
낯빛도 칙칙해진다. 잠이 얼마나 중요한지 보여주는 단적인 예다.
시몬스는 까다로운 수면 전문가들이 모여 만드는 브랜드다. 우리가
피곤해 보이는 사람에게 흔히 "잠 못 잤어?"라든지 "무슨 일 있어?"
하고 안부를 물을 때, 시몬스 수면연구 R&D센터 식원들은

시몬스 라이프스타일 컬렉션 N32 폼 매트리스

수면 환경이나 패턴을 분석한다. 잠자리의 문제를 찾기 위해 좀더 객관적인 시선으로 골몰하는 것이다. 수면연구는 센터 안에서만 일어나는 일이 아니다. 센터를 나와 집에 도착해서도 침실의 습도, 온도, 침구, 침대, 소음, 조도 그리고 잠옷까지 세세하게 점검한다. 일이 아닌 생활이기에, 직업이 아닌 삶이기에 더욱 세심히 살필 수 있다.

일이 많아 피곤하던 어떤 날, 퇴근 후 약속이 있어 잔뜩 지친 몸을 이끌고 집에 도착해 신발만 벗고 침대에 엎어져 까무룩 잠든 밤이 불현듯 떠오른다. 침실의 습도나 온도는 고사하고 잠옷도 안 입고 잠들어 놓고 다음 날 피곤하다며 애꿎은 침대만 발로 차던 시간이 문득 부끄럽다.

시몬스는 수많은 발전을 거듭해 다른 침대 브랜드는 하지 않는 것들을 선보였다. 그 첫째가 '난연 매트리스'다. 불에 잘 타지 않는 난연 매트리스는 불길이 치솟는 위험천만한 환경에서 우리의 보호막이 되어준다. 불이 났을 때 실내가 완전히 타오르는 플래시오버를 방지하고, 실내에 남아 있는 사람이 대피할 수 있는 골든 타임을 만들어 주기까지 한다. 찰나일지라도 그 잠깐이 살아날 통로를 마련해 준다는 것은 침대가 할 수 있는 가장 멋진 수호 활동 아닐까. 둘째는 재료에 관한 철저한 관심에서 비롯된 전 제품 라돈·토론 안전 제품 인증이다. 지난 2018년, 어느 침대 브랜드 매트리스에서 방사성 물질이 발견되었다는 뉴스가 우리의 침실을 삽시간에 공포로 밀어 넣었다. 이 뉴스가 한여름 납량특집보다 무서운 이유는 눕고, 엎드리고, 앉고, 뒹구는 매트리스는 우리 삶과 밀접하게 맞닿아 있기 때문이다. 매트리스에서 기준치 이상의 라돈이 검출되었다는 소식에 안락하던 침대가 한순간 끔찍한 가구로 바뀌었다. '라돈 침대 사태'라는 이름까지 붙어 침실을 공포로 몰아넣은 이 사건을 발판 삼아 시몬스는 더 안전한 침실을 꾸리고자 했다. 국내에서 최초로, 유일하게 가정용 매트리스 전 제품 대상으로 라돈·토론 안전 제품 인증을 획득한 것이다. 올해까지 매년 인증을 갱신하고 있기에 나는 오늘도 안심하며 침대 위를 뒹굴 수 있다. 셋째는 청결함이다. 침실이 깨끗하고, 침대가 말끔한 것과는 별개로 진짜 깨끗한 침대가 있다. 그것은 사용자 관리 이전 차원에 결정되는 일이다. 시몬스의 생산 과정을 들여다보자.

그 안에서 우리는 청결이 무엇인지, 어쩌면 이것은 결벽증이 아닌지 의심할 정도로 강박적으로 청결한 풍경을 볼 수 있다. "여타 생산 공장과는 차원이 다른 1,936가지 청결한 생산공정"이라는 문장을 내세울 수 있다는 건 그만큼 자신 있다는 뜻이 아닐까. 시몬스는 모든 기준을 웃도는 데서 책임의 면모를 보여준다. 모든 가구나 제조품엔 국가 공인 기준이 있을 터, 그 기준을 맞추기 위한 행보보다는 뛰어넘는 품질을 보여주기 위해 안팎으로 노력한다. "국가에서 제시하는 건 매트리스 전문가의 기준이 아닌 최소한 지켜야 하는 기준"이라고 말하며.

침대 없는 광고

시몬스 2022 '오드리 새티스파잉 비디오 Oddly Satisfying Video'

어느 날 가족들과 식사하는데 티브이를 보시던 엄마가
말한다. "저 광고, 이상해." 이상하다는 그 광고를 가만히
들여다보니 정말 이상하다. 무슨 광고인지 한눈에
알 수 없고, 무슨 이야기를 하고 있는지 언뜻 보아서는 잘
모르겠다. 그러다 '시몬스'라는 로고를 보고 '어라?' 했다.
"시몬스라면, 침대 아냐?" 침대 없는 침대 광고가 가능한
데는 침대 이미지 없이도 시몬스가 침대 브랜드라는 걸
많은 사람이 알고 있다는 데 뿌리를 둔다.
2019년부터 2022년까지 시몬스는 '침대 없는 침대
광고'를 선보여 왔다. 광고는 무릇 브랜드나 제품을
홍보하기 위한 미디어 수단으로 여겨진다. 그러나 시몬스는
광고를 조금 비틀어 선보였다. 제품이 등장하지 않고,
침대와 큰 관련이 없는 색감, 공간, 스타일링 그리고
음악으로 장면 장면을 꾸민 것이다. 그 결과, 이 광고만을
위한 팬층이 형성되었을 정도로 대중의 관심을 톡톡히
끌었다.
유튜브에 달린 댓글만 보아도 반응이 독특하다. 시몬스에
관한 이야기보다 "힐링과 치유"라는 단어나 "아무 생각
없이 보기 편한 영상이네요." 같은 반응이 더 많다. 기획,
구성, 색감에 관한 이야기는 물론 음악에 관한 이야기도
빠지지 않는다. "여행 가고 싶어요."라는 댓글까지, 침대
광고라고는 할 수 없을 만큼 다양한 반응을 볼 수 있다.
잠은 우리의 생활이다. 그리고 이 반응들 역시 생활에 닿아
있다. 침대를 향한 찬사나 브랜드에 대한 관심 너머의 무엇.
누군가는 시각적으로 보이는 모양이나 색감에 집중하고,
누군가는 반복되는 영상의 분위기에 집중한다. 또 다른
누군가는 음악을 궁금해하고, 그 외 많은 사람이 마음이나
기분을 이야기한다. "멍때리게 되네요."라든지 "정신이
맑아지는 기분이에요." 같은.

침대 있는 광고

시몬스 2023 브랜드 캠페인 '메이드 바이 시몬스Made By SIMMONS'

2023년, 시몬스는 다시 '침대 있는 광고'로 돌아왔다.
올해 시몬스 브랜드 캠페인 ''메이드 바이 시몬스Made by
SIMMONS''는 침대 제조 과정에서 '오직 시몬스만 하는,
다른 침대 브랜드는 하지 않는 것'을 강조한다. 이번
캠페인은 '수면은 건강과 직결된다.'는 메시지를 전하면서,
매일 피부와 맞닿는 침대를 믿고 쓸 수 있도록 안전한
제품을 유통한다는 걸 콕 집어 안내한다. 침대를 만들 때
으레 고려해야 할 것이 있다. 사용자의 안락함, 잠자리의
편안함, 견고한 만듦새…. 시몬스는 언제나 해야 할
것에서 한 걸음 더 나아간다. 침대를 만들 때 굳이 고려할
필요가 없는 부분까지, 생각하지 않아도 되는 것까지
일일이 세심하게 생각하며 만들어 낸다. 그런 침대는 과연
'완전무결'에 가깝다. 우리는 시몬스 브랜드 캠페인을
보면서 생각한다. 진정 안전한 침대가 여기 있을지도
모르겠다고.
영상 속에 매트리스를 쿵쿵 내리찍는 거대한 기구가 있다.
히어로가 휘두르는 철퇴보다 묵직하고 견고해 보인다.
이래도 되나 싶을 정도로 무시무시하게 매트리스를
두드리는 기구들은 당연히 CG라 생각했는데, 웬걸,
시몬스 팩토리움에서 진행되는 실제 실험이었다. 시몬스
팩토리움은 경기도 이천에 위치한 자체 생산 시스템으로
수면연구 R&D센터에서는 실제로 이런 장면이 심심치
않게 펼쳐진다. '극한' 실험이 광고의 극적인 효과를 위해
만들어진 장면이 아니라는 것이 이번 캠페인에서 눈여겨볼
지점이다. 거대한 장비들이 매트리스를 두드리고 눌러도
무너지거나 으스러지지 않는다. 실제 장비들을 동원해
매트리스 테스트를 해나가는 이 장면은 보는 이들에게
묵직한 울림을 준다. 140킬로 무게의 육각 원통형 롤러를
분당 15회 속도로 10만 번 이상 굴려 매트리스 손상도를
확인하는 내구성 테스트, 장비와 지면 위 100센티
높이에서 포켓스프링 판 위로 볼링공을 떨어뜨려 독립
지지력을 확인하는 낙하 충격 테스트…. 정확히 무엇을
입증하려는 것인지는 알 수 없지만 튼튼하다는 것만은
알겠다. 이 '너무'한 실험을 보면서 생각한다. '이렇게까지
안 해도 될 것 같은데!' 문득, 이 캠페인을 소개하는 문장
하나가 떠오른다. "침대에 미친 시몬스의 집념을 담은
새로운 브랜드 캠페인을 공개합니다."

시몬스 광고의 줄기
(2017-2023)

· 2023 Made by SIMMONS
· 2022 Oddly Satisfying Video
· 2021 에너지 넘치는 일상
· 2020 매너가 편안함을 만든다

· 2019 바로 이런, 흔들리지 않는 편안함
· 2018 하루 동안 고생한 나를 위하여
· 2017 당신의 숙면이 흔들리지 않도록

나만의 안락한 잠

언제나 그랬지만 최근 들어 더욱 집중하고 있는 시몬스의 화두는
안전이다. 시몬스는 안전을 강조하고 확인시키고자 매트리스 자체
생산 시스템과 수면연구 R&D센터 등이 자리한 시몬스 팩토리움의
문을 활짝 열고, 사전에 신청하면 누구나 방문할 수 있도록 꾸려두었다.
투어가 시작되면 시몬스 매트리스의 생산과 연구 그리고 개발 과정을
두 눈으로 살펴볼 수 있다. 자신감과 용기, 정직함으로 꺼내 보일 수
있는 듬직한 행보다. 이 안에서 이루어지는 일들은 물리적인 결함과
성능을 확인하는 것만이 아니다. 진짜 눈에 띄는 점은 사람마다 다른
지점, 예컨대 편안함을 느끼는 주관적인 부분까지 연구하고 개발한다는
데 있다. 탄탄한 매트리스부터 푹신한 매트리스까지 시몬스 팩토리움엔
다양한 경도의 매트리스가 놓여 있다. 사람마다 안락함을 느끼는
매트리스는 다를 터. 그것은 수면 패턴이나 잠버릇과도 연관이 있을
것이고, 개인 취향이나 성향도 영향을 미칠 테다. 시몬스 수면연구
R&D센터에 놓여 있는 매트리스에 하나씩 누워보면 모니터로 무언가를
확인할 수 있다. 그 '무언가'란 척추, 팔, 엉덩이 등 신체 부위별로
매트리스와 닿는 곳의 압력이다. 색깔로 표시되는 이 수치는 데이터가
되고 나에게 잘 맞는 매트리스, 나아가 앞으로 개발, 보완해야 할
매트리스를 연구하는 데 중요한 자료가 된다.
《완두콩 공주》라는 동화에 이런 이야기가 나온다. 본인이 공주라
말하는 한 여자가 진짜 공주인지 알아보기 위해 왕비가 침대 밑바닥에
동그란 완두콩을 한 알 두고 그 위에 매트리스 스무 장을 깔고, 다시
그 위에 깃털 이불 스무 채를 쌓아 올린 뒤 재웠다는 이야기다. 공주는
다음 날 "너무 불편해서 한숨도 못 잤어요."라고 이야기했고, 그것은
그가 진짜 공주라는 걸 뒷받침하는 증거가 된다. 완두콩 한 알에 수면의
질이 바닥으로 치닫는 공주. 그런 공주의 수면 질도 너끈히 높여줄
것만 같은 침대가 시몬스다. 수면연구 R&D센터에서는 매트리스의
내구성이나 개개인의 편안함뿐 아니라 수면의 질까지 고려한다.
흡음재로 소음을 제거한 곳에서 잠든 사람의 뇌파를 분석하여 잠자리의
편안함을 고려하는 이러한 행보는 개개인이 다르게 경험하는 어떤
꿈들을 한층 더 빼어나게 만들어 주는 작업이 아닐 수 없다.

어떤 팝업스토어

'팝업'이란 단어가 붙으면 대체로 눈에 띄고, 새롭고, 특별하다. 대체로 팝업스토어란 원래는 그것이 아니던 장소에 별안간 생겨나기에 그 안이 궁금하고 흥미로워진다. 사람들은 호기심을 갖고 팝업스토어에 걸음 하게 되고, 일정 기간 있다가 사라질 걸 알기에 그 안에서 펼쳐지는 세상에 보다 쉽게 마음을 연다. 시몬스의 소셜라이징 팝업스토어는 이러한 특징에 더불어 미묘한 매력 포인트를 더했다. 시몬스 팝업스토어라고 하면 매트리스나 침대 쇼룸을 가장 먼저 상상할 테지만, 시몬스의 행보는 우리의 상상을 가뿐히 넘어선다. 시몬스의 팝업스토어에도, 역시 침대는 없다.

우리는 살면서 침대를 몇 번이나 사게 될까. 부모님과 잠자리를 분리할 때 한 번, 신체가 크게 발달하고 한두 번, 혼수로 한 번, 침대가 낡아서 또 한 번…. 대부분의 사람이 살면서 갖는 침대는 많아야 네다섯 개 정도 아닐까. 그래서 우리는 하나의 침대 브랜드만 쭉 고집해 왔어도 그 브랜드와 '친하다'든지 '반갑다' 하는 감정을 갖기 어렵다. 침대 브랜드는 브랜드 충성도가 상대적으로 낮을 수밖에 없다. 그래서 시몬스가 선택한 게 침대 없는 팝업스토어다. 물건도 판매하고 전시도 기획하는데 어디에도 침대는 없다. 그런데도 사람들은 이 팝업스토어가 시몬스의 것임을 명확히 안다. 지역과 지역, 사람과 사람을 잇는 로컬의 매력뿐 아니라 공간에 즐비한 굿즈와 전시, 이야기를 즐기면서 침대 없이도 시몬스란 이름을 오감 안에, 머릿속에 담아내는 것이다. 이러한 묘한 연결이, 침대와는 전혀 연관 없어 보이는 이 기획이 시몬스에 어떤 효과를 불러오느냐는 질문에 시몬스는 답한다. "지금 당장 침대를 구매하지 않더라도 팝업스토어나 전시, 광고 등으로 시몬스에 호감을 느낄 수 있잖아요. 그런 마음이 언젠가 침대를 구매할 때 영향을 미칠 거라고 생각해요." 그래서 시몬스는 침대 없는 팝업스토어를 연다. 침대 바깥까지 고려하며 재미를 엮는다. '우리 제품 좋아요.'라는 단편적인 두드림 훨씬 바깥에 시몬스가 있다. 진짜 재미와 의미를 찾아, 생각지도 못한 곳까지 내다보며 우리가 누울 자리를 무결하게 지어내기 위해 오늘도 바삐 움직인다.

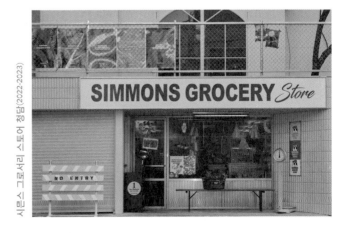

이솝 하비스트 캠페인

마음을 적어 건네는 계절

에디터 이명주
포토그래퍼 윤동길

몇 겹의 계절이 지나는 동안 고이 간직해 온 마음을 꺼내 보이고
싶은 시기가 왔다. 때맞춰 도착한 이솝 하비스트 캠페인은
마음속에 부유하는 감정 사이, 진심을 응시한다. 그 눈 맞춤은
정갈한 글씨로, 다정한 문장으로 남아 오래도록 빛난다.

삶은 빨리 지나가는 것 입니다

또 더 빠르게 변해

우리의 마음을 좀더 관란한 느려어지겠죠

돌아온 가을, 안부를 물으며

가을이 우리 앞에 당도했다. 도무지 옅어지지 않던 더위가 뒷걸음질을 치고
새로운 계절의 기색이 피부에 와닿는다. 반쪽짜리였던 달이 선선한 기운을 마시며
둥글게 차오르면 우리는 알 수 있다. 서로의 안부를 나누며 마음을 건네는 추석이
다가왔음을, 그리고 하나의 계절을 또렷이 응시하는 이솝 하비스트 캠페인의 막이
열릴 것임을.

가을마다 주변의 소중한 이들에게 감사를 전하는 하비스트 캠페인은 올해로
네 번째를 맞이한다. '오래된 매듭의 무늬'(2020)와 '새로운 바람이 불어오는
계절'(2021), '두드림 끝에 맞이한 결실'(2022)까지. 팬데믹이 유난했던 그간 이솝은
섬세한 시선으로 캠페인을 전개하며 많은 이에게 응원을 보냈다. 그 나지막한
목소리 덕분일까. 우리는 각박하고 고된 순간에도 손끝으로나마 온기를 전하려
온 힘을 다해 서로의 손을 잡았다. 마침내 사람과 사람 사이가 좁혀지고 다시금
눈을 마주치며 상대의 미소를 바라볼 수 있게 된 지금, 이솝은 진심을 꺼내
보이도록 우리를 북돋운다. 마음을 전하는 행위는 하지 않을 수록 무뎌진다.
진심을 입술 밖으로, 손끝으로 꺼내두지 않으면 감정은 이내 색이 바랜다.
떠오르는 얼굴들에게 드디어 우리가 마주 보는 가을이 왔음을 알리고, 안부를 나눌
수 있음에 더할 나위 없이 기쁨을 전해야 한다.

하비스트 캠페인은 매년 한국 아티스트와 협업하여, 같은 언어와 문화를 공유하는
이들의 연결 고리를 부드럽게 조인다. 이번 캠페인에서 이솝은 붓을 쥐었다.
그리고 인중 이정화 작가의 손을 빌려 마음을 적어 내려간다. 이정화 작가는 붓과
먹으로 진심을 쓰는 일을 20여 년째 해오며, 글이 가진 힘을 고스란히 담아내는
작품을 통해 많은 사랑을 받고 있다. 그는 "다시 가을입니다. 삶은 빠르고 또
더디게 변해 우리의 마음은 좀더 단단하고 너그러워지겠죠."라는 문장을 비롯하여
이솝이 우리에게 전하고 싶은 이야기를 한지에 적어 내려갔다. 종이 위를 걷듯
한 획 한 획 부드럽게 나아가는 필체에는 따스한 분위기가 묻어난다. 글자를
적는 일을 올곧은 마음과 참신함으로 풀어가는 이정화 작가와 이솝이 만나 붓이
지나가는 자리마다 진심의 흔적이 짙게 남는다.

진심이 담긴 문장을 예찬하며

우리가 말하고 읽고 쓰는 글자에 대해 생각해 본다. 세종대왕은 고유의 글자가
없어 어려움을 겪는 백성을 위해 한글을 만들었다. 글은 신분에 관계없이 누구나
진실된 감정을 표현하는 매개체이자, 개인이 '함께'로 거듭날 수 있는 유대감의
바탕이다. 자음과 모음이 모여 글자를, 글자가 모여 문장을, 문장이 모여 의미를
갖는 순리는 다른 언어 체계와 비교할 수 없는 특별함이다. 이솝은 우리의 문학과
예술을 예찬한다. 하비스트 캠페인을 통해 시인 박경리와 작가 이상, 화백 김환기
등 아름다운 문장을 빚어내는 이들에게 경의를 표해왔으며 올해는 한글을 만든
위대한 인물, 세종대왕의 말을 빌렸다.

또 한 번 한글이 가진 무구한 가치를 알리는 이솝 하비스트 캠페인은 시작된 바로
다음 날, 한남 스토어에서 이정화 작가가 유리 외벽에 직접 글씨를 써 내려갔다.
친근한 말투와 호흡이 긴 문장은 정말로 편지 한 통을 받은 듯 설렘을 불러왔다.
이솝 스토어에서의 현장 드로잉은 처음 시도한 데다가 오가는 이들이 많은 오전에
공개적으로 진행되어, 그 가치를 아는 사람부터 우연히 마주하는 이들에게까지
감동을 전했다. 이외에도 삼청 스토어와 가로수길 스토어에서 아름다운 필체를
다양한 형태로 감상할 수 있다. 이솝 온라인 홈페이지와 스토어에서는 캠페인
기간 동안 세종대왕의 문장이 새겨진 보자기 포장 서비스도 제공했다. 단순히
폰트로 문장을 기입하지 않고, 이정화 작가의 작품을 미색 보자기에 새긴 이유는
캠페인과 관련된 모든 것에 진실됨을 담았기 때문이다. 진심이란, 아무렇게나 대충
담아 쉽게 줄 수 있는 것이 아니다. 상대방을 헤아리며 몇 번씩 가다듬은 후에도
조심스레 꺼내 보이는 것이다. 이솝 하비스트 캠페인으로 말미암아 귀중한 마음을
윤기 나게 닦아내어 기분 좋은 미소와 건네보면 어떨까. 많은 이들의 애정이 모여
완성된 보자기에 마음을 넣어 매듭짓는 일은 우리를 보다 풍성한 계절로 이끈다.

"너의 자질이 아름다움을 아노니."
세종대왕

이정화 서예가

서예를 운명으로 여겨 한길만 바라본 이가 있다. 그는 언제나 옛것에서 새로운 매력을
발견하려고 노력한다. 먹을 가는 일, 붓을 들고 흔들림 없이 움직이는 모습은 감탄을 자아낸다.
올해 하비스트 캠페인 '마음을 적어 건네는 계절'에 함께한 이정화 작가와 이야기를 나눴다.

**아버지이신 이주형 작가를 따라 어릴 때부터 서예와
친근한 삶을 사셨을 것 같아요.**
제가 태어나기 전부터 아버지는 서예 학원을
운영하셨어요. 일곱 살까지는 학원 언니들 먹 갈아주면서
지켜만 보다가 글자를 배우면서 서예를 시작하게 됐죠.
부모님께서 글자를 만들어내는 데 집중력이 있었다고
하시더라고요. 좀더 자라서 서예과를 갈 거라고 말씀드린
후에는 붓 잡는 법처럼 기본 기술에 대해서 알려주셨어요.

가르침 중에서 인상 깊게 남은 게 있다면요?
아버지와 함께 다닐 때, 무얼 보고 듣든 서예와 관련짓는
연습을 했던 게 기억에 남아요. 예를 들어 산을 보면 짙은
색이 얼마나 예쁜지 나중에 글자에 표현해 보라고요.
운전할 때는 핸들을 갑자기 꺾으면 사고가 나는 것처럼,
붓도 섬세하고 부드럽게 다뤄야 한다고 하셨어요.

서예의 매력이 무엇인지 궁금해요.
25년 정도 했는데도 아직도 재미있어요. 먹을 붓에
묻혀서 종이에 딱 닿는 순간이 여전히 짜릿해요. 같은

문자를 쓰더라도 글씨는 컴퓨터 키보드로 적는 것과
달라요. 종이에 닿은 이상 지울 수도 없기 때문에, 다른
사람들이 봐도 부끄럽지 않을 내용을 적어요. 서예가
오래된 것이라는 인상이 있잖아요. 저는 현대를 살아가는
청년이니까 옛것에서 새로운 재미를 발견해서 작품을
선보이려고 해요.

**올해 하비스트 캠페인을 함께 했어요. 평소 이솝에 어떤
인상을 갖고 있었나요?**
이솝의 자연스러움을 정말 좋아해요. 그 분위기가
한지랑도 닮았거든요. 보통 한지가 순백색이라고
생각하시는데, 그건 여러 공정을 거쳐서 일부러 색을 뺀
거예요. 인위적인 공정이 가해지지 않은 한지는 미색을
띠는데 한지와 이솝의 자연스러움이 닮았다는 생각을 자주
했어요.

**'마음을 적어 건네는 계절'이라는 주제 아래 모인 캠페인
문구들은 어땠나요?**
저에게 마음을 적어서 건네는 건 설레는 일이에요.

설렌다는 건 고마움이나 행복함, 따뜻함을 느낀다는 신호 같고요. 언제나 이런 마음을 전하는 걸 작업의 중점으로 생각하고 있어요. 제 작품이 이 시대를 살아가고 스러지는 게 아니라, 후대에도 '이 시절 사람들은 무척 따뜻했구나. 감동이 있었구나.'라며 이어지길 바라거든요. 공감하는 부분과 맞닿아 있는 문장이었어요.

글자에서 무얼 표현하려고 했는지 궁금해요. 자음과 모음에 의미를 담을 수 있는 게 한글의 매력 아닐까 싶고요.
맞아요. 한글은 한 글자 안에 굉장히 많은 것을 담을 수가 있는데요. 우선 이번 캠페인이 편지를 쓰는 마음으로 진심을 건네는 거니까 옛날 '서신'을 쓰듯 세로쓰기를 했고, 오른쪽에서 왼쪽으로 줄을 이동했어요. 요소가 전부 똑같으면 지루할 수 있으니 같은 리을을 적더라도 조금씩 변화를 주었죠. 중간마다 이응을 크게 쓴 건 추석을 떠올리면서 보름달을 표현한 거예요.

설명을 듣고 나니 글자가 새로워 보여요. 진심을 담아 적으신 것 같아요.
모든 작업에 진심을 담아요. 먼 미래에는 작품들이 저를 설명할 테니, 거짓 마음으로 만들고 싶지 않거든요. 이번 캠페인에는 기성 먹물을 쓰지 않고, 벼루에 직접 먹을 갈았어요. 어떤 먹물로 적었느냐는 저에게만 보이는 차이겠지만 고맙다거나 반갑다는 말을 전하는 캠페인이라면 그만큼 정성을 들이고 싶었어요.

이솝과 함께한 협업에서 인상 깊었던 부분이 있나요?
이솝은 세심한 파트너였어요. 한지 크기도 밀리미터 단위까지 가늠하시더라고요. 틀이 꾸려지면 그 안에서는 제가 자유롭고 아름답게 표현할 수 있어서 재미있었어요. 저에게 협업이란, 새로운 것을 만들면서도 서로 색을 잃지 않는 것인데 그 의미가 이루어진 작업이었어요.

유리 외벽 드로잉도 처음 해보셨다고 들었어요.
현장 드로잉은 경험이 많지만 유리에다가 직접 적는 건 처음이었어요. 이솝에서 먼저 제안해 주신 건데 색다른 시도를 좋아하는 터라 흔쾌히 함께했죠. 작품을 감상하실 분들을 떠올리니 긴장되기보다 설레더라고요. 메시지가 잘 닿도록 완벽하게 해내기 위해서 이솝과 함께하는 테스트 때 여러 번 글씨를 썼어요. 오가는 분들이 문장을 보고 반가워해 주시길 바라요.

하비스트 캠페인은 추석을 맞이해서 진행되어요. 작가님께는 추석이 어떤 의미인가요?

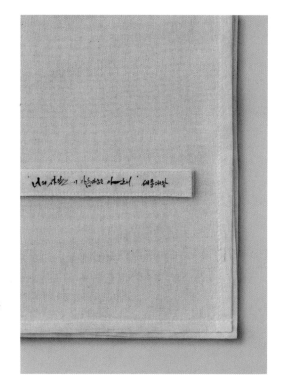

대가족에서 자란 터라, 친척들이 다 모인 왁자지껄한 풍경이 떠올라요. 맛있는 걸 먹고 근황을 나누고 즐거운 시간을 보내다 보면 풍성하다는 말이 절로 나오죠. 팬데믹 이후에 걱정을 내려놓고 만나는 추석이니 올해는 좀더 특별한 것 같네요. 가까운 사람들을 만나면 잘 지냈는지 꼭 물어보고 싶어요. 건강뿐 아니라 마음과 정신도 평온한지 살펴볼 거예요.

풍성하고 안온한 한가위 되시길 바랄게요. 마지막으로, 작가님의 앞으로를 그려볼까요?
얼마 전, 아버지께서 해주신 말씀이 있어요. "네가 쓰는 모든 획은 서예의 획이어야 한다."라고요. 제가 하는 말과 행동, 쓰는 글자가 전부 서예를 위한 것이어야 한단 의미였어요. 나아가고자 하는 방향에서 벗어나 휘둘리거나 흔들리지 않도록 지지대를 세워주신 거죠. 앞으로도 지금처럼 글자를 쓸 테니, 서예를 향한 저의 진심이 많은 분들께 닿았으면 좋겠어요.

이솝 하비스트 캠페인 '마음을 적어 건네는 계절'
O. 2023년 9월 4일-10월 1일 H. aesop.com

참으로 좋은 것

글 배순탁—음악평론가·〈배철수의 음악캠프〉 작가

01.

'잠이
늘었어'
— 조규찬

02. 'Feeling
Good'
— Nina
Simone

03. 'The Oracle'
— Kenny Barron,
Dave Holland

얼마 전 인간의 건강 관련한 영상을 하나 봤다. 궁금해서였다. 대체 건강을 유지하기
위해 가장 요구되는 조건은 무엇이란 말인가. 영상 속 의사가 내린 결론은 이랬다.
"그 어떤 것도 확정적으로 건강에 좋다 나쁘다 말할 수 없다. 딱 하나만 빼고는.
바로 수면이다."

우리는 잠을 자면 대개 꿈을 꾸고, 그 꿈에는 해석이 붙는다. 어떤 꿈은 낭만화되는가 하면 어떤 꿈은 불길한 미래를 예고하는 것처럼 보인다. 현실에서 달성하지 못한 욕망을 해소해 준다고 여겨지는 꿈도 있다. 이 글을 읽고 있는 여러분 역시 비슷할 것이다. 잠을 자고 꿈을 꾸면 거기에 우리는 특정한 의미를 부여하려 애쓴다. 괜히 로또가 잘 되는 게 아니다.

그러나 내가 강조하고 싶은 잠은 그런 잠이 아니다. 매우 실용적인 잠이다. '사당오락'이라는 말, 어디선가 들어봤을 것이다. 4시간 자면 붙고 5시간 자면 떨어진다는 뜻이다. 이 기원을 알 수 없는 사자성어(?)는 특히 수험생들에게 아론의 지팡이가 되어줬다. 즉, 잠을 덜 자야 공부 잘할 수 있는 것으로 받아들여졌다. 비록 내가 28년 전에 수험생이기는 했지만 지금도 사정은 크게 달라지지 않았을 터다.

연구 결과는 많이 다르다. 통계가 증명한다. 팩트가 말해준다. 조사 결과, 딥 슬립을 꾸준히 유지한 수험생들의 성적이 더 높았다. 이렇게 잠은 우리의 뇌 건강과 직결되어 있다고 한다. 잠을 자야 뇌가 활성화되고, 뇌가 돌아가야 지구과학 수업내용을 기억하든 삼각함수 수학문제를 풀든 뭐라도 좀더 잘할 수 있게 된다는 뜻이다.

비단 수험생만은 아니다. 잠이 부족하면 알츠하이머에 걸릴 확률 또한 압도적으로 높아진다. 그렇다. 우리는 마땅히 잠을 자야 한다. 최소 7시간은 침대에 딱 붙어있어야 한다. 양을 세든 망아지를 세든 상관없다. 만약 불면증에 시달리는 경우가 아니라면 잠에 빨리 들 수 있는 나만의 비책을 개발해서라도 잠에 들어야 한다. 나의 필살기는 이것이다. 지금 한창 즐기고 있는 게임을 내일 어떤 식으로 공략할지를 상상하면 신기하게도 곧 잠에 든다. 진짜다. 그 게임이 꿈에도 나와서 곤란한 부분이 있기는 하지만.

내가 잠이 정말 중요하다고 생각하는 이유는 또 있다. 잠에 부족하면 컨디션이 좋을 수 없다. 지끈거림과 몽롱함을 왕복하는 머리를 부여잡고 하루 일과를 소화해야 한다. 그러다 보면 만사가 귀찮아지고, 짜증이 단전에서부터 훅 치고 올라온다. 나는, 타인에게 친절하기 위해서라도 잠을 부족하지 않게 자야 한다고 확신하는 쪽이다. 당신이 사회적으로 높은 위치에 있을수록 더욱 그렇다. 몸이 별로라고 부하직원에게 화풀이하는 상사, 진짜 최악이지 않은가 말이다.

결론이다. 우리는 우리 자신의 건강을 위해서라도 잠을 푹 자야 한다. 더 나아가 상대방에게 다정해지기 위해서라도 잠을 넉넉하게 자야 한다. 잠을 통해 우리의 자아는 단단해지고, 타인과의 관계는 윤택해질 것이다. 잠에 듦에서 깨서 하루가 시작되는 게 아니라 과연, 살아야말로 모든 숙제의 준반이다.

'잠이 늘었어'
조규찬

이별 뒤의 불면증, 겪어본 사람 있을 것이다. 그러나 그 어떤 이별도 영원할 순 없다. 그 사람의 존재가 희미해지는 순간은 기필코 온다. 조규찬의 '잠이 늘었어'는 바로 그 순간을 노래한 곡이다. 심지어 조규찬은 이 곡에서 잠이 선물하는 효능까지 꼼꼼하게 언급한다. "커피의 향기를 즐기며/어여쁜 여인에 반하고/멋있게 날 꾸며 보고 싶어져/웃음이 늘어/운동이 좋아 아침을 기다려/가능하면 밥을 거르지 않으려 해" 이거 보시라. 잠이란 참으로 좋은 것이다.

'Feeling Good'
Nina Simone

원곡은 니나 시몬, 이후 수많은 뮤지션이 이 명곡을 커버했는데 그 중 마이클 부블레Michael Buble의 버전으로 골랐다. 이 곡은 뭐랄까, 대중음악 역사상 문법적으로 가장 쉽고, 간결한 가사를 지니고 있다. 진짜 별 게 없다. 그럼에도 사람의 마음을 뒤흔든다. 반복적이지만 단번에 귀에 꽂히는 멜로디, 핵심만 추려낸 간결한 편곡 덕분이다. 어느 날 아침 잠에서 깨어 이 곡을 처음 플레이했다고 가정해보자. 그 날 하루를 나름 멋지게 살지 않으면 괜히 이 곡에게 미안해질 것 같은 기분이 든다. 노랫말은 이렇다. "높이 날고 있는 새들이여/내 기분이 어떤지 아는가/하늘 위의 태양이여/내 기분이 어떤지 아는가/ 새로운 새벽/새로운 날/새로운 인생/나에겐 그래/기분 끝내주네"

'The Oracle'
Kenny Barron, Dave Holland

음악을 틀고 잠을 청하는 분들이 꽤 많은 것으로 알고 있다. 그런 분들을 위해 선택한 노래다. 나 역시 아주 드물게 음악을 감상하면서 잠들 때가 있다. 단, 조건이 하나 있다. 가사가 들어간 곡은 철저하게 배제한다. 이유는 별거 없다. 가사가 들리면 아무래도 자꾸 신경이 쓰이기 때문이다.

최근 이 곡으로 효과 좀 봤다. 게임 생각을 하지 않았는데도 아주 잘 자고 일어났다. 케니 배런은 미국 출신 재즈 피아니스트. 그래미 후보만 아홉 번 오른 거장이다. 데이브 홀랜드는 영국 태생의 재즈 베이스 연주자다. 둘이 함께 발표한 이 곡 'The Oracle'은 흔히 하는 표현으로 품격 넘치는 재즈 연주곡이다. 모난 구석 없이 마치 찰랑이는 물결처럼 흐르는 연주를 들을 수 있을 것이다. 당신의 잠도 마치 이 곡처럼 평안하기를 바란다. 그리하여 당신 주변에 친절하고 다정한 사람이 되기를 기원한다.

[Guitology] (2005)

[I Put A Spell On You] (1965)

[The Art Of Conversation] (2014)

잘 자, 사랑해

'사랑은, 그가 잘 자길 바라는 마음'이라는 말에 공감한다. 나에게도 잘 자는지 궁금한 존재가 몇 있다.

글 정다은   사진 박두산

우리 집 고양이

우리 집 고양이는 어디서든 잘 잔다. 집 안 모든 곳이
고양이의 침대다. 소파나 침대, 의자 등 가구는 물론이고,
종종 옷장을 열어달라고 고래고래 소리치면 나는 못 이기는
척 옷장 문도 열어준다. 그러면 고양이는 폴짝 옷장 속으로
뛰어 들어가 옷 사이에 숨어 한숨 자다가 나온다. 옷에
하얀 털이 좀 붙겠지만 털이야 떼면 되지. 그건 어려운 일이
아니다. 고양이가 달게 자는 일보다 중요한 건 많지 않다.
그것뿐만이 아니다. 거실에는 고양이만을 위한 침대가 여러
개 널려 있다. 요즘 고양이가 가장 좋아하는 침대는 농구화
박스. 몸에 꼭 맞는 박스 안에서 쌔근쌔근 잘도 잔다.
거실에는 피자를 담아 온 크고 튼튼한 비닐봉지도 하나
굴러다닌다. 고양이는 봉지를 깔고 자거나 아니면 봉지
안에 들어가 잔다. 그러다 혀로 비닐을 핥기도 한다. 바스락
소리를 좋아하는 것 같다. 펼쳐둔 여행 가방 역시 고양이의
훌륭한 침대가 된다. 일 년에 한 번도 잘 쓰지 않는 가방이
이렇게 일 년 내내 쓰이니 좋은 일이다. 한동안 잘 이용하지
않는 박스를 치우려고 하면 어떻게 알았는지 냉큼 그리로
가서 잔다. 그래서 오늘도 거실에는 각종 박스와 비닐이
흩어져 있다. 사정을 잘 모르는 사람이 보면 이삿짐을 싸는
중이라고 생각할지도 모르겠다.
고양이는 무언가를 베고 자는 것도 좋아한다. 보통 책이나
쿠션, 컴퓨터 마우스 등을 베개로 쓴다. 종종 문지방을 베고
눕기도 한다. 그중 고양이가 제일 좋아하는 베개는 나의
손바닥이다. 거실 바닥에서도, 침대 위에서도, 책상 컴퓨터
앞에서도 손바닥만 펼치면 얼굴을 대고 풀썩 눕는다.
손가락으로 눈과 코 사이를 만져주는 시간은 고양이와
내가 가장 좋아하는 시간이다. 그러다 종종 물릴 때도
있지만, 괜찮다. 삶의 의미에 대해 무겁게 질문하다가도
내 고양이의 베개가 되려고 태어났다고 생각하면, 태어나길
잘했다는 생각이 든다.
이 글을 쓰는 지금 우리 집 고양이는 거실 한가운데에 있는
책상 위에서 마우스를 베고 자다가 바닥의 농구화 박스로
옮겨 갔다. 방에선 우리 집 사람이 햇볕을 받으며 낮잠을
자고 있다. 창밖으로 보이는 초가을의 햇살은 뜨겁고
하늘은 파랗다. 오전에 집 안 청소를 끝냈고 점심을 든든히
먹었으며 빨래해서 건조대에 널어두었다. 마당에서는
삼색이 고양이가 방심한 자세로 졸고 있다. 이 글을 마저
쓰는 것 외에 오늘 다른 일정은 없다.
아무도 깨우지 않으려 찬장에서 컵을 하나 꺼낼 때도
조심스럽다. 마치 사냥감을 쫓는 고양이의 발걸음 같다.
내가 쫓는 것은 사랑하는 존재들의 단잠. 달콤한 낮잠을
이어 잤으면 하는 바람. 공기도 나의 바람처럼 천천히

고요히 흐른다. 시간이 멈춘 듯하다. 내 손가락만 키보드
위를 오가는 시간. 이 오후에는 아무 일도 일어나지 않을
것이다.

거리의 친구들

몇 년 전 아르바이트를 할 때 매일 일터를 찾아오던 떠돌이
개가 있었다. 길에서 흔히 보이는 진돗개는 아니었고,
몸집이 작고 단단한 근육을 가진 얼룩무늬 갈색 개였다.
사람을 따르는 편이 아니어서 손을 잘 타진 않았지만 매일
와서 마당의 고양이 밥을 먹고 갔다. 북어채를 한 봉지 사서
서랍에 넣어두었다가 개가 오면 간식으로 줬다. 북어채를
들고 있으면 가까이 와주었다. "앉아. 기다려." 훈련도
시켰다. 개는 능청스럽게 내가 시키는 걸 따라 한 뒤 무사히
북어채를 얻어먹고는 나무 그늘이나 야외 테이블 아래서
쉬었다.
손님이 없을 땐 나도 개 옆에 쪼그리고 앉아서 시선을
나누기도 했다. 개는 저 사람이 나를 해치지 않는다는 것을
알았고, 나는 개 옆에 다가가는 법을 알았다. 살금살금 낮은
자세로 다가가 눈 사이 이마를 천천히 쓰다듬으면 개는
슬며시 눈을 감았다. 그러다 손님이 오면 나는 일어나서
가게로 돌아갔고, 손님이 가고 나서 개가 있던 곳으로
고개를 돌리면 어느새 사라져 있는 경우가 많았다.
어디 갔지. 나는 개의 연락처도 모르는데. 종종 내가 다른
일을 하느라 개가 온 걸 눈치채지 못하면 개는 가게 입구
발 매트 위에 정자세로 앉아서 나를 쳐다보고 있기도
했다. 눈이 마주치면 꼬리도 조금 흔들었다. 길에서 우연히
마주칠 때도 있었다. 그럴 때면 우리 둘 다 반가워서 서로
꼬리를 흔들었다. 그렇다고 나를 졸졸 따라오거나 하지는
않았지만, 개가 나의 꼬리를 알아봤다는 건 알 수 있었다.
태풍 때문에 비바람이 심한 날이었다. 이 궂은 밤,
개는 잘 곳이 있을까? 개의 손을 잡고 집에 가고 싶다고
생각했다. 그때 우리 집에는 고양이가 둘이나 있었고,
둘째 고양이가 워낙 심약한 편이어서, 불쑥 개를 데리고
집에 들어갈 순 없는 상황이었다. 하지만 아파트 현관에서
단 하룻밤이라도 개를 재우고 싶었다. 고민하다가,
비바람을 뚫고 가게로 갔다. 개는 가게 옆 건물 외부 계단
아래에 숨어 있었다. 박스를 가지고 와 돌로 고정하고 입고
갔던 옷을 벗어 깔아주었다. 나는 빗속에서 약간 울었던가.
잘 기억이 나지 않는다. 집에 돌아와서는 조금 울었던 것도
같다. 개는, 그 밤 거기서 무사히 비를 피했을까.
어느 날 개의 가족이 나타나서 개를 데려갔다. 종종 개를
생각한다. 개는 잘 살고 있을까. 오랜만에 안부를 물어보고

싶어 개의 가족 연락처를 찾아보았는데, 남아 있지 않다. 그때 개의 가족에게 어쩌다 개를 잃어버린 거냐 물었더니 집을 새로 지어 이사하는 과정에서 지낼 곳이 없어 지인의 농장에 맡겼다가 잃어버렸다고 했다. 개를 보내며, 혹시나 키우기 힘든 상황이 오면 꼭 나에게 연락해 달라고 당부했다. 사실은 그 후로 한 번 연락을 받기도 했다. 며칠 뒤 마음을 바꾸고 다시 잘 키워 보겠다고 했지만…. 설마 아직 농장에 있진 않겠지. 수소문을 해봐야겠다. 만일 지금까지 방치되고 있다면 늦었지만 다시 데리고 와도 좋겠다. 농장을 지키는 개로 살기보다는 우리 집 마당에 집을 만들어 주는 편이 나을 것 같다. 이미 6년 전쯤 일이라, 개도 많이 늙었겠다. 6년 전에 친하게 지냈던 사람은 잘 기억나지 않는데, 개는 왜 이렇게까지 생생하게 떠오르는 걸까.

가게에는 고양이도 왔다. 한쪽 눈이 다친 온 털이 꼬질꼬질하게 뭉쳐 있는 고양이였다. 이 고양이는 개와 다르게 사람을 좋아해서, 손님이 있거나 말거나 가게 안까지 무턱대고 들어왔다. 눈곱을 떼주고, 털을 빗겨주었다. 하루에도 여러 번 찾아와 야옹거렸다. 길을 건널 때면 고양이 꽁무니에 대고 차 조심하라고 외쳤다. 고양이는 거리에서 아슬아슬 잘 지내는 것처럼 보였다. 어느 날 알고 보니 근처에 집이 있었다. 사연을 들어보니 원래는 집 안에서 살던 고양이였다고 했다. 외출을 좋아해서 내보냈다고 하는데, 집에 들이는 것 같지는 않다. 마당 어디에도 고양이가 잘 곳이 없었다. 이건 방치다. 버려졌다. 어느 날부턴가 컨디션이 안 좋아 보이고, 숨도 너무 헐떡이는 것 같아서 걱정됐다. 눈도 고쳐주고 싶다. 아무래도 얘랑 손을 잡고 우리 집으로 가야겠다. 고양이의 가족에게 동물 병원에 데려가도 되냐고 했더니 마음대로 하라고 했다. 고양이를 병원에 데려갔고, 큰 수술을 해야 하는 상황이라는 걸 알았다. 외부 충격을 받아 횡격막이 파열되어 장기가 한쪽으로 쏠려 있다고 했다. 내가 사는 시골에선 이 수술을 할 수 있는 동물 병원이 없어서 서울의 큰 병원을 예약했다. 고양이는 서울 가기 전전날 우리 집에서 죽었다. 친구들은 그래도 고양이가 따뜻한 집 안에서 며칠 편히 쉬다 내 품 안에서 떠나서 다행이라고 위로했다. 벌써 5년 전의 일이다. 내가 조금 일찍 고양이의 손을 잡고 집에 왔으면 고양이는 살았을까. 지금 내 옆에서 자고 있을까.

잘 자

친구가 운영하는 공간에 임시 보호 중인 개가 있었다. 있었다,고 말하고 보니 과거형이라 마음이 따끔하다. 개는 낮에는 사람들과 지냈지만 밤에는 혼자 있었다. 아침에 일어나면 거의 하루도 빠지지 않고 달려가 "잘 잤어?" 등을 쓰다듬으며 인사를 건넸다. 개는 기지개를 켜며 반겨주었다. 그러곤 같이 산책을 했다. 가끔은 한밤중에도 개를 보러 갔다. 개는 한없이 다정해서 개를 아는 모두가 그 개와 자신이 친구라고 생각했겠지만, 우리는 그중에서도 가장 친한 친구였다. 진짜다.

개는 차 사고로 갑자기 세상을 떠났다. 죽은 개의 얼굴을 하염없이 쓰다듬으며 미안하다고 말했다. 내가 진작 너를 우리 집에 데리고 왔어야 했는데, 그러지 못해서 미안하다고. 미안하다고. 개가 떠난 뒤 한참 동안, 개와 산책하던 길을 걸을 때면 개가 옆에서 함께 걷고 있는 것 같았다. 강아지 리드줄을 잡은 듯 주먹을 꽉 쥐고 다정하게 개의 이름을 부르기도 했다. 미친 사람처럼 보였을 수도 있겠다.

그때 누군가가 나에게 그 슬픔이 과하다고 말했다. 네가 직접 돌보던 개도 아니지 않냐고. 그저 예뻐하기만 한 너는 그만큼 슬퍼할 자격이 없다고. 틀린 말이 아닌 것 같다. 눈치가 보였다. 슬퍼하기를 멈추었다. 이제는 안다. 우리는 친구였고, 개는 나를, 나는 개를 사랑했고, 나는 슬퍼할 수 있다. 그때 그 사람에게 네가 틀렸다고 따졌어야 했는데. 나는 늘 그랬듯 따지는 대신 숨었다. 늦었지만 지금이라도 따질까 하다가 그만둔다. 나는 꼭 개가 캐나다 어딘가로 입양 가서 잘 살고 있을 것 같다. 푹신한 쿠션 위에서 특유의 아기 같은 얼굴로 자고 있을 것 같다. 그러니까 괜찮다. 중요한 건 그것뿐이다. 어느 날 캐나다로 여행을 간다면, 개의 이름을 다시 불러보고 싶다. 그땐 내 옆에 와주었으면.

잘 자고 있는지 궁금한 존재들에 대해 쓰기 시작했는데, 쓰고 보니 온통 우리 집 지붕 밑에서 재우고 싶었지만 그러지 못했던 나의 친구들에 대한 이야기다. 내가 놓친 사랑에 대한 이야기다. 나는 이 사랑을 언제까지나 잊지 못할 것 같다.

나의 친구들. 잘 자. 사랑해. 영원히.

나, 라는 이야기

이십 대 후반의 일이었다. 문래동 어느 전시장에서 그림들을 구경하다가
몇몇 작품들을 휴대폰 카메라로 촬영해 놓았다. 몇 해가 지나 우연히
사진들을 다시 봤을 때, 그중 하나를 사야겠다는 생각이 문득 들었다.
인제 보니 그건 내가 어릴 적 반복해서 꾸던 꿈의 한 장면이었기 때문이다.

글·사진 전진우

1

깨어 있을 때 받아들인 수많은 정보를 우리가 잠든 동안 뇌에서 편집하고
정리한다는 이야기를 들은 적 있다. 그중에 무얼 오래 기억할지, 무얼
지울지 선택한다는 것이었다. 이전 기억 중 일부를 내일로 운반하고
무언가 새로운 정보들을 받아들일 공간을 확보하는 회복의 잠. 그런데
흥미로운 점은 우리가 조금 더 깊이 잠들었을 때, 뇌가 깨어 있을 때처럼
활발히 움직인다는 것이었다. 마치 문제를 해결하려고 무언가에 집중했을
때처럼 말이다. 눈동자가 빠르게 움직이는 이 구간(Rapid Eye Movement
Sleep)을 렘수면 상태라고 하는데, 꿈을 꾸는 구간이 바로 여기다. 꿈이란
게 뭘까. 가끔 멍하니 생각해 볼 때가 있다. 현실과 연결되어 있다고
하기엔 말도 안 되는 것들이 등장하고, 서사도 뒤죽박죽인 이야기들.
그런데 또 장면 장면들을 떠올리면 내가 만든 영화 같기도 하고 말이다.
잠들어 있는 사이 렘수면 구간이 몇 번 반복되면서 우리는 하룻밤 보통
스무 개가량 꿈을 꾼다고 한다. 꽤나 많은 꿈을 나도 모르게 꾸고 있고,
그중에는 깨고 나서도 기억에 너무 선명하거나 꿈속에서 실제로 의식할
수 있는 꿈, 반복해서 꾸게 되는 꿈도 있다. 내게는 중학생 무렵 하도
자주 꿔서 익숙해져 버린 꿈이 있었다. 노을 질 무렵 집을 나선 뒤 동네
친구들을 만나는 내용이었는데, 우린 늘 넓은 공터를 향해 걸었다. 공사가
진행되다가 멈춘 대단지 건설 현장이었다. 얼마나 넓었는지, 저 멀리 우뚝
솟아 있는 굴뚝이 버섯처럼 작게 보이고 트럭들도 장난감처럼 널브러져
있었다. 우리는 그야말로 작은 모래알 같았을 것이다. 완성된 도시를
등지고 황량한 쪽으로 친구들과 걷는 동안 굴뚝이 점점 커지고 우리가
살던 아파트가 작아졌다. 우리는 이야기를 많이 나눴다. 물론 정확한
문장 같은 건 하나도 기억나지 않는다. 어쩌면 입만 벙끗거리고 소리는 안
들렸을지도 모른다. 어떻게 그럴 수 있는지, 그럼에도 나는 친구들 옆에서
사랑과 설렘을 느끼며 무척 편안한 기분 속에 있었다. 자욱한 모래 연기도
이불처럼 느껴지고 거대한 콘크리트 교각, 거기에 삐져나온 철근들도
껴안고 싶을 정도로 애틋했다. 그 꿈을 사랑했구나, 하는 것을 나중에
그림을 다시 봤을 때 알 수 있었던 것이다. 나는 작가의 연락처를 찾아
그림이 찍힌 사진을 보여줬고 며칠 뒤 원화를 가질 수 있었다. 이제는
오래도록 가보지 못했던 꿈속 장소에 다시 가리라는 기대로, 그림이 담긴
엑자를 침대 위 머리맡에 걸었다.

2

침대 근처에는 그것 말고 그림 두 점이 더 있다. 새로운 그림을 걸기
전부터 있었는데, 인식된 건 오랜만이었다. 창가의 탁상용 액자에는
연필로 급하게 그린 내가 있었고, 그 옆에는 작은 정사각형 캔버스에
유화로 그린 내가 있었다. 서로 다른 사람이 서로 다른 마음으로 그려준
것이다. 왜 거기에 뒀는지 그럴싸한 이유는 딱히 없었다. 가끔 그걸
바라보며 내 삶이 거기에 있었구나, 믿어보려 할 뿐이었다. 지금의
나를 빚어준 소중한 순간들. 하지만 남의 생처럼 낯선 기분도 어쩔 수
없는 일이었다. 그림을 보고 있으면 그 순간 말고도 여러 기억이 스쳐
지나가곤 한다. 어떤 기억은 오랜만이어도 순간 따끔하게 통증을 만들고,
어떤 기억은 한없이 뭉클하다. 모두 죽지 않고 살아 있는데 만날 수
없다는 사실에 분하다가 막상 다시 만난 그들과 나의 모습이 그려지면
얼른 지우고 싶게 막막한 기분이 든다. 삶이란 게 참 어렵게 느껴지는
대목이다. 언젠가부터는 무얼 정확히 구분 짓지 않게 된 것 같다. 특히
사는 일, 살며 중요하게 여기는 감정들에 관해서는 늘 모르겠다고 답하며
지낸다. 덮어두고 지나는 게 최선이라 여겨질 때도 많다. 더 어릴 때는
모든 걸 몸 밖으로 꺼내서 실컷 지켜보고 남한테 주기도 하고 그랬는데,
그래 봤자 소용없이 답답하고 외로워져 이제는 너무 중요한 것들과는
거리를 잘 두려고 노력하며 지낸다. 그림들에 관해 시큰둥하게 말했지만,
사실 생각해 보면 내가 믿을 수 있는 것들은 또 그런 것들뿐 아닐까. 꿈속
장소가 그려진 그림, 예전 내가 그려진 그림들. 거기에는 판단과 해석의
여지가 아닌 이미 채워진, 변하지 않는 이야기가 적혀 있다.

3

렘수면이 시작되면 뇌는 보다 자유롭게 활동한다고 한다. 상식의 연산을
넘어 결코 얽힐 수 없는 것들을 서로 이어 붙이는 것이다. 꿈속의 말도
안 되는 디테일이 그렇게 탄생된다. 완전히 창의적인데, 요소 하나하나는
다 내 기억 속에 있기에 꿈은 참 알쏭달쏭하다. 모든 사실과 자잘한
기억과 상상과 바람이 잠든 나의 자유로운 뇌 속에서 마음대로 얽히며
발생되는 이야기. 꿈은 딱 잘라 말하는 법 없이 무언가가 합쳐지며,
무언가를 연상시키며 작동된다. 다름 아닌 은유인 것이다. 나는 그런
이유로 꿈과 삶이 닮아 있다고 느낀다. 내 마음대로 잘 안 되는 공통점.
그 두 세계는, 꿈속에서의 발 차기가 현실에서 이어지는 것처럼, 송송
연결되어 버리기까지 한다. 내가 이끌어 갈 수 있는 세계가 결코 아닌
것이다. 그런데 가끔은 참 다행이라는 생각이 든다. 그림 속 여러
내 모습을 지켜보며, 꿈속 장소가 그려진 그림을 보며 나는 내게 묻는다.
이 모든 이야기가 마음에 들어? 나는 운전대를 제대로 잡고 내 삶을
어딘가로 잘 데려가고 싶다고 생각하지만, 사실은 그러지 않을 거라는
걸 알고 있다. 지금까지 내게 펼쳐진 이야기보다 잘 쓸 자신이 없으니까.
뒤죽박죽이던 내 현실은 그리 아름답지 않더라도 빈틈없이 잘 짜인 좋은
이야기였다. 나는 내 삶 앞에서, 가능하다면 오래 앉아 있고 싶은 관객일
뿐이다

지금부터 이야기할 한 남자의 이름은 랜디 가드너Randy Gardner. 1964년 '그 일'이
일어났을 때 랜디의 나이는 열일곱이었다. 미국 캘리포니아주 샌디에이고에 살던
이 고등학생은 과학 실습 프로젝트를 위해 무모한 일에 도전한다. 학교 숙제로
'잠을 안 자면 어떻게 될까?'를 몸소 실험해 보기로 한 것이다. 곤란할 정도로
용감한 이 소년은 이를 악물고 잠과 다투어보기로 한다.
랜디는 가까스로 하룻밤을 넘겼다. 단지 24시간 수면을 안 했을 뿐인데 연달아
하품이 나고 피로하다는 느낌을 받는다. 어찌어찌 하루를 보내고 이튿날 밤이
되었을 무렵, 그는 눈이 점점 가물가물해진다는 인상을 받았다. 주변에서 랜디를
보고 "초점이 없잖아?" 하는 이야기를 수군거리기 시작한다. 의자에 앉거나
물건을 잡는 등의 행위가 어려워졌다. 촉각으로 사물을 제대로 인지하지 못한
까닭이다. 그렇지만 랜디는 버텼다. 조금 더 버티면 최고의 숙제를 해낼 수 있을
것 같았기 때문이다. 안 자고 언제까지 버틸 수 있을까 알고 싶기도 했다. 물건이
제대로 손에 잡히지 않고, 눈앞이 가물거리는 기분이 묘하다고 생각했다. 사실
생각을 했는지조차 모르겠다. 그것은 자는 것도, 깨어 있는 것도 아니었고,
어딘가 고장 나버린 무엇, 사람이 아닌 무엇이 된 것 같은 기분이었다. 잠을 자지
않겠다고 말한 지 사흘째가 됐다. 고작 사흘 자지 않았을 뿐인데 거리에 있는
간판을 알아보지 못했다. 간판을 마주 걸어오는 사람으로 착각하고 제대로 피하지
않아 부딪히거나 사람이 둥둥 떠다닌다는 등의 이상한 이야기를 했다. 아니, 사실
이야기를 한 것인지도 잘 모르겠다. 그것은 말소리라기보다는… 주문이라든지…
아무튼 쉭, 쉭, 소리에 가까웠기 때문이다. 랜디는 가까스로 사흘을 버텼다.
이제는 자신이 잠 자지 않는 게 숙제를 위해 시작한 일인지, 잠을 자면 죽는
저주에 걸렸기 때문인지 인지하지 못한 채 나흘로 접어든다. 그리고 랜디는
또 다른 삶을 살게 됐다. 별안간 본인이 프로 풋볼 선수라고 믿기 시작한 것이다.
그가 풋볼을 좋아했는가 하면… 관심이야 있었기에 '프로 풋볼 선수'라는 말을 한
기억이 났다. 그는 계속 시달리고 느끼고 믿었기에 본인 머릿속에… 어쨌든
삼을 며칠이나 안 잔 몸으로는 쉽지 않았다. 그는 계속 고꾸라졌고, 비비나사

신체든 정신이든 곧 어떻게 될 것 같다는 생각이 들었으나 자신이 풋볼 선수라 믿는 것을 그만두지 않았다. 의사는 랜디에게 말한다. "당신, 풋볼 실력이 좋지 않잖아요?" 갑자기 랜디는 믿을 수 없을 정도로 날카롭게 화를 내기 시작했다. 마치 오늘을 위해 분노를 모아온 것처럼, 의사를 향해 손가락질 하고 침을 튀기며 화를 내기 시작했다. 이토록 신경질적인 모습은 처음 본다며, 주변 사람들은 랜디를 무서워했다. 랜디가 정말 자지 않았느냐고 하면… 그렇다. 자지 않았다. 그러나 랜디의 뇌는 이 극도의 상황을 견디지 못하고 마이크로슬립에 들어가기도 했다. 그렇게 아슬아슬 고의적 불면에 시달리던 랜디는 닷새에 접어들어 정신분열 증상에 시달린다. 환각을 보기도 했다. 라디오 진행자가 자신을 잡으러 온다며 도망가는 제스처를 취했고, 무언가가 자신을 쫓아온다며 자꾸 두려워했다. 사람들은 이제 랜디가 제정신이 아니라고 생각했다. 그만두었으면 좋겠다고 생각했다. 그러나 랜디는 끝까지 자지 않았다. 결국 엿새가 밝은 어느 날, 랜디는 자신의 근육을 스스로 제어하지 못하는 상태에 이르러 고장 난 로봇처럼, 잘못 만들어진 인형처럼 축 늘어져 버렸다. 잠을 자지 않는다는 건 이토록 무섭다. 100에서 7씩 빼보라는 질문에 랜디는 93, 86, 79… 하고 말을 하다 말고 무엇을 하고 있는지 잊어버렸다. 단기 기억 상실 증세가 나타난 것이다. 결국 랜디는 일주일이 되는 날, 운동 기능을 잃고 제대로 말소리를 발음하지 못했다. 지독한 랜디는 그 뒤로도 이를 악물고 잠을 자지 않았고, 결국 11일을 넘기고 정신을 잃었다. 기네스북에 기록된 랜디의 공식 기록은 264.4시간이다. 그는 그다음 날 14시간 40분을 자고 일어나 겨우 수면 리듬을 회복했다는데, 11일을 깨어 있지 않고도 15시간은 거뜬하게 자는 내가 기네스북에 도전했다면 어떤 일이 생겼을까. 평균 수면 시간이 지나치게 짧아진 요즘, 양치하다 말고 잠드는 내가 그리 이상한 것 같지만도 않다. 잠은 몹시 중요하다. 잘 자야 한다.

지금부터 할 이야기는 들으면 100퍼센트 잠에 빠져드는 마법 같은 자장가
이야기다. 형제 없이 자라 외롭지 않으냐는 질문을 들으면 늘 고개를 갸웃했다.
형제가 있어야 비교해 볼 수 있는 거 아닌가. 늘 없이 살았는데, 없어서 외롭다는
걸, 있으면 외롭지 않다는 걸 어떻게 비교하지? 지금은 안다. 외롭다는 감각은
비교로 아는 것이 아니다. 본능적으로 '아, 외롭구나.' 느끼게 되는 것이다. 그런
걸 자연스럽게 알고 나니 당당하게 말할 수 있게 되었다. 어릴 때 형제가 없어서
외롭다고 생각한 적은 없었다. 언제나 엄마가 친구로 있어 주었고, 아빠가
친구처럼 놀아준 덕택이다. 무엇보다 또래에 대한 갈증을 줄여준 건 주변에 사촌이
살고 있어서였다. 혼자 찾아가 문을 두드릴 정도로 가까운 거리는 아니었지만
차 타고 10-20분 사이면 도착할 곳에 사촌 오빠가, 사촌 언니가, 사촌 동생이 살고
있었다. 또 다른 방향으로 10-20분만 가면 또 다른 사촌 오빠가 살았고, 조금 다른
방향으로 10분만 가면 사촌 동생이 둘이나 더 있었다. 주말마다 나는 할머니 댁에
갔다. 한 주는 친가, 한 주는 외가, 한 주는 친가, 한 주는 외가. 외가에 가는 날이면
나는 할머니랑 이모한테 인사를 하고는 바로 맞은편에 있는 외삼촌네로 달려갔다.
거긴 사촌들이 모여 매일 재미있는 것을 하거나, 먹거나, 즐기고 있었으니까. 상가
건물 꼭대기 층에 다다라 문을 열면 외삼촌 집이 만화처럼 펼쳐졌다. 외삼촌이
만든 책상이나 의자도 있고, 외삼촌이 설계한 다락방도 있었다. 나는 거기서 사촌
언니랑 회사놀이를 하거나 같이 즐겨 보던 만화영화의 역할을 하나씩 골라잡고는
상황극 같은 걸 곧잘 했다. 가끔 언니랑 하던 게임에서 지는 날이면 피아노 대결을
하자고, 몇 년쯤 먼저 배워 조금 더 잘 치는 내가 뻔뻔하게 요구하기도 했다.
언니는 순한 사람이어서 그런 동생의 악다구니도 웃으면서 받아주고 최선을 다해
피아노 대결을 해주곤 했다. 사촌 오빠는 그 당시 H.O.T.를 상당히 좋아했는데,
친척들을 한자리에 모아 앉게 하고는 잡지를 꺼내 들고 H.O.T.에 관한 퀴즈를
내곤 했다. "장우혁 혈액형은?" 같은 거였다. 나는 H.O.T.나 장우혁은 잘 모르지만
털 뭉치같이 생긴 동그란 형체에 눈이 달린 귀여운 브로치는 알았다. 그리고
혈액형이 보통 네 가지로 나뉜다는 것도. "AB형!" 하고 소리치던 게 왜 지금도

기억이 날까.

시간 가는 줄 모르고 정신없이 놀다 보면 외숙모가 밥을 차려주셨다. 외숙모가
차려준 밥상이 매번 맛있던 건, 그 당시 잘 먹지 않던 북엇국도 단숨에 들이켜게 한
건 아마 외숙모 요리 실력과 더불어 사촌들과 혼이 쏙 빠질 듯 놀고 난 다음이었기
때문일 테다. 나는 그 다디단 밥을 먹고 또 노는 게 좋았다. 주로 아빠가 있을 때면
이모들, 이모부들, 외삼촌·외숙모까지 다 모여 대규모 밥상이 차려지곤 했는데
아빠가 없거나 이모들이랑 이모부들이 안 오신 주에는 저녁 식사가 차려지기 전에
엄마가 서둘러 나를 데리고 나가려 했다. 아마 아이들 머릿수대로 밥상을 차려야
할 외숙모에게 짐이 되고 싶지 않아서였을 텐데, 밉살스러운 시누이는 아니고
싶어서였을 텐데, 폐 끼치는 게 싫은 성격이어서 그랬을 텐데, 나는 사촌들이랑
헤어지기가 싫어서 매번 울었다. 엄마가 맞은편 할머니 댁에 있다가 5시가 채 되지
않아 외삼촌 댁 초인종을 누르면 인터폰을 받지 않고 동생 방구석에 숨어 있거나
화장실에서 문을 걸어 잠갔다. 밥만 먹고 가자고 졸랐지만 밥을 먹지 않으려고
이 시각에 가려 하는 엄마였으므로 그런 말이 통했을 리가 없다. 엄마의 깊은
속을 나는 헤아릴 수 없었다. 외숙모네서 돌아가는 초저녁이면 놀다 지친 몸으로
울기까지 했으니 완전히 녹초가 되어 있었다. 나는 잔뜩 부루퉁한 얼굴로 조수석에
앉아 자그마한 몸 위로 안전벨트를 맸다. 엄마가 집에 가서 뭐 먹을까 물어도
제대로 대답도 안 하고 외숙모 밥을 먹겠다고 툴툴거렸다. 엄마는 웃으며 나를
달래고, 시동을 걸면서 꼭 라디오를 틀었다. 그때나 지금이나 6시면 <배철수의
음악캠프>가 시작된다. 그때나 지금이나 꼭 같은 시그널 송이다. 그 음악을
들으며, 배철수 아저씨 목소리를 들으며 잠에 빠지던 어린 여자아이는 이렇게나
커다래져서도 <배철수의 음악캠프> 시그널 송에 까무룩 잠이 든다. 자장가가
따로 없다. 누군가 등을 토닥이지 않아도 나는 배철수 아저씨 목소리를 들을 틈도
없이, 시그널 송과 함께 눈을 뜨기 어려워진다. 그 언젠가 시도했던 배철수 아저씨
인터뷰가 성사되었다면 어땠을까. 목소리를 들으면서 드르렁드르렁 코를 고는
초유의 사태가 발생했을지도 모른다. 그럴 리 없겠지만(웃음).

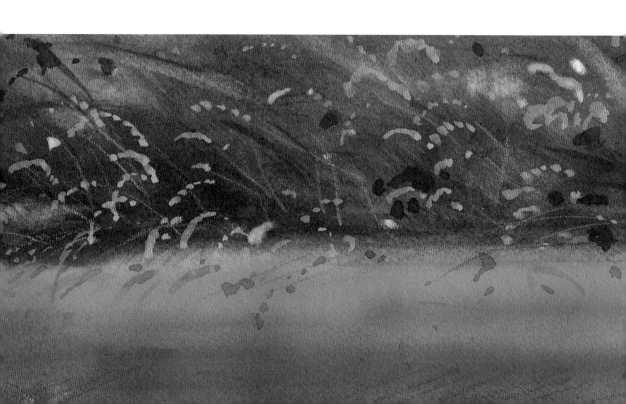

어느 날 누군가의 휴대폰에 저장된 단 한 개의 음성 메시지를 호기심에 재생해 본 적이 있다. "이거 재생해도 돼?" 하니까 "나도 뭔지 몰라."라는 대답에 혹시라도 나쁜 음성 메모(란 무엇일까.)는 아닐까 생각할 겨를도 없이 손가락이 해버린 짓이다. 재생되자마자 알았다. 이건 나의 소리구나. 호흡에도 저마다 소리가 있다. 강하고, 거칠고, 약하고, 여리고, 리듬도 조금씩 다르다. 하물며 코골이는 어떤가. 들숨과 날숨 사이를 비집고 드는, 어떤 좁은 구멍을 들락거리는 짓궂은 바람의 소리. 약간의 목소리가 섞여 있기에 들으면 알 수 있다. 그것이 내 코골이라면 모르는 게 더 이상하다. 얼굴이 빨개지는 게 느껴졌다. 그 애는 웃음을 터뜨리면서 말한다. "주연이 코 고는 소리다!" 가끔 코를 곤다. 나는 내가 코를 곤다는 걸 잘 모르지만, 눈을 뜨면 엄마가 종종 그러신다. "웬 코를 그렇게 골고 자니, 곤히도 자네." 피곤했나? 피곤이야 했지…. 직장인은 다들 피곤하다. 6시에 퇴근하고 저녁 먹고 소일거리 하다가 새벽 5시 2분에 일어나서 출근하는 삶이 피곤하지 않을 리 없다. 가끔 코를 골면 내 코골이에 놀라 "컥!" 하고 깨는 일이 있다. 그거야말로 민망하고 우스운 순간인데, 한번은 눈을 떴을 때 생경한 천장이 보여 놀란 적이 있다. 우리 집이라기엔 너무 밝고, 전등을 켜서 밝은 거라고 해도 지나치게 밝은 전등이었다. 눈앞이 너무 하얘서 양손으로 눈을 가리면서 일어났다. 그리고 나는 보았다. 내 옆에 가지런히 놓인 뾰족하고, 날카롭고, 빛나는 물건들을. 보기만 해도 현기증이 날 거 같은 초록색 면을. 아, 여기 치과구나. 치과에서 마취하는 거야 당연하지만 모두가 알다시피 그건 잠을 불러오는 전신 마취가 아니다. 그저 치아와 잇몸의 통점을 죽이는 부분 마취다. 그런데 나는 왜 주사를 맞고 마취약이 도는 동안 잠깐 기다리라는 그 말과 함께 잠에 빠져드는 걸까. 그것도 모자라 코를 골며 내 숨소리에 놀라 일어나는 이유는 뭘까. 나도 믿을 수가 없다. 여긴 병원이잖아. 한 번 그랬으면 피곤한가 보다, 하고 해프닝으로 여길 터인데 고백하건대 한두 번 그런 것이 아니다. "피가 너무 많이 나서 잠깐 지혈 좀 하고 갈게요."라는 말에 솜뭉치를 이로 앙 물었다. 이대로 꽉 물고 5분만 있자고 했다. 분명 그 기억까진 나는데, 나는 왜 또 잠을 자고 있는 거지? "환자분, 환자분!" 꽉 잡힌 어깨가 타인의 힘으로 흔들거리고 있다. 나는 일렁이는 눈앞을 붙잡으려 손을 뻗어 허우적거리고, 이내 알았다. 지금 내 얼굴은 입만 뚫린 페이스 커버로 덮여 있구나, 눈앞이 일렁이는 건 깜빡이는 속도에 맞춰 속눈썹이, 눈의 근육이 페이스 커버를 건드리고 있어서구나. 제발 정신 좀 차려, 여기는 여전히 치과라고! 나는 치아가 약해서 자주 썩는데, 치과 가는 걸 남들만큼 두려워하진 않는다. 치과에서 '아프다'고 느낀 적이 없기 때문일까. 마취 주사마저도 아픈 적이 없으니 통점이 현저히 적은 게 아닌가 의심된다. 여하간 아프지 않다고 해서 긴장을 하지 않는 건 아닌데, 도리어 주먹을 너무 꽉 쥐고 있어 바투 자른 손톱이 손바닥에 자국을 남길 정도인데, 잠은 어떻게 그 긴장감마저 뚫고 들어와서 나를 죽은 듯 재워버리는 걸까. 몹시 좋아하는 뮤지션의 공연을 볼 때도, 정말 사랑하는 작가의 낭독회에서도, 고대하는 어떤 수업에서도, 손꼽아 기다린 영화를 보면서도 나는 존다. 전날 열 시간 넘게 꿈도 없이 자고 일어나도 등만 대면 반드시 잔다. 잠은 얼마나 자야 충분히 잤다는 생각이 드는 걸까. 사람마다 기초대사량이 다르듯, 기초 수면 시간도 다른 것은 아닐까? 그렇다면 내 몸은 얼마의 수면을 원하는 거지? 나는 회사에서도 어린이집 낮잠 시간처럼 15분 정도 엎드려 자지 않으면 안 되는데, 얼마나 더 자야 푹 잤다는 기분이 들까?

내가 깊은 잠에 빠지면 모두 웃어줘

발리 생활 2개월 만에 다시 배낭을 꾸렸다. 낯선 곳에서 새로운
여행을 시작하고 싶었기 때문이다. 하지만 인생은 이상하게 흐르고,
나는 졸지에 죽음에 대해 생각하는 처지가 됐다.

글·사진 김건태

시작은 창대했으나 그 끝은 늘 미약했다. 서핑왕이 되겠다며 발리로
떠났지만 나는 일찌감치 알고 있었다. 나란 인간은 재능도 끈기도 쥐뿔도
없다는 것을. 발리 생활 두 달째, 우기가 시작됐다. 비가 내리고 비가
그치고 불타오르고, 또 비가 내리고 비가 그치고 불타오르기를 반복했다.
하루에도 몇 번씩 속옷이 젖는 게 속상해서 발리를 떠나기로 마음먹었다.
때마침 히말라야가 있는 네팔은 이제 막 건기가 시작됐다고 했다. '서핑은
실패했지만 등산에는 소질이 있을지도?' 아마 그런 생각을 했던 것 같다.
네팔로 떠나기로 마음먹고 짐을 꾸리는데, 갑자기 태국 음식 솜땀이 먹고
싶어졌다. 아무래도 네팔은 음식이 부실할 테니 중간 경유지인 태국에서
맛있는 거나 실컷 먹고 넘어가자고 계획을 바꿨다. 그렇게 네팔행과
태국행 비행기 티켓을 동시에 끊었다.
팬데믹 이후 처음 들른 태국은 여전히 맛있고 여전히 혼잡하고 여전히
신났다. 방콕을 먹고 치앙마이를 산책하고 빠이에서 춤췄다. 10년 만의
빠이는 예전 그대로였다. 작고 소박한 식당과 아늑한 풍경, 느릿한 시골
사람들, 사원의 기도와 저녁 새의 울음이 함께 들리는 저녁이 좋았다.
걱정이 없는 것이 유일한 걱정일 정도로 단조로운 일상. '이대로 여행이
끝나지 않았으면….' 생각하며 고양이 영상에 '좋아요'를 누른 바로 그날
아침, 사고가 일어났다.
오토바이 사고였다. 일출을 보고 룰루랄라 콧노래를 부르며 집으로
돌아오는 길에 검정개 한 마리가 차도로 뛰쳐나왔다. 감전된 듯
날뛰는 검둥이를 피하기 위해 핸들을 급하게 꺾었고, 나는 오토바이와
사이좋게 한 몸이 되어 아스팔트 위를 데굴데굴 굴렀다. 쪽팔리니까
얼른 일어나야겠다고 생각하며 바닥을 짚었는데, 두 팔이 힘없이
꺾이며 얼굴이 바닥에 처박혔다. 그런 나를 보며 검정개가 하품을 했다.
"뻑킹 독! 우라질 뻑킹 독!" 나는 잔뜩 화가 나서 엉엉 울었다. 서러운
울음소리를 듣고 나온 동네 주민이 나를 일으켰고, 그의 도움으로
병원으로 후송됐다. 검사 결과 쇄골과 갈비뼈, 날개뼈가 부러졌다고
했다. 어깨 인대가 파열되고, 폐에서도 피가 나오는 중이라고 했다.
혈압은 200 밑으로 떨어질 생각을 하지 않았다. '여기서 끝인가.' 주마등
같은 걸 느끼며 엑스레이 사진을 봤는데, 부러진 쇄골이 웃는 모양으로
구부러져서 나도 모르게 웃음이 나왔다.

의사는 치앙마이의 큰 병원으로 갈 것을 권했다. 빠이에서 치앙마이까지
762개의 고개를 넘어가는 동안 나는 거의 762번 기절했다. 마약성
진통제를 세 방이나 맞았지만 소용이 없었다. 구제 불능의 약쟁이 같은
몰골로 도착한 치앙마이 병원에서 의사는 수술을 권했다. 병원비를
알아보니 천만 원이 훌쩍 넘을 거라고 했다. 나는 가난했으므로 귀국을
선택했다. 하필 한국까지 직항으로 운행하는 건 아시아나항공뿐이었다.
국적기의 비싼 티켓 가격 때문인지, (마약성) 진통제의 놀라운 효과
때문인지 심장이 쿵쾅거렸다. 난생처음 아시아나항공에 올라탔고, 그걸로
나의 여행은 끝이 났다.

한국에 돌아와 종합병원 흉부외과에 입원했다. 폐의 피가 빠지기 전에는
부러진 뼈를 수술할 수 없다고 했다. 기다리는 동안 뼈가 동그랗게
말리면 어쩌나, 하는 공포보다 집에 보일러를 틀어놓고 왔다는 사실이 더
무서웠다. "오빠 괜찮아?" 동생의 전화에 아무렇지도 않은 척 대답했다.
"버거킹 좀 사다 줘." 평소에는 맥도날드밖에 먹지 않는데, 웬일인지
어리광을 피우고 싶었다.
흉부외과 입원실은 노인 환자가 대부분이었다. 그들은 타인의 도움
없이는 혼자 용변도 가리지 못했다. 병원 규칙상 가족 면회가 금지된
곳이어서 간호사가 모든 수발을 들었다. 커튼 너머로 환자와 간병인
사이에 자주 다투는 소리가 났다. 병원에 입원하고 이튿날 밤에는 바로 옆
침상 할아버지가 돌아가셨다. 의사와 간호사의 대화를 들어보니 고인의
가족은 하루 뒤에나 도착한다고 했다. 내 앞자리 할아버지는 며칠째
누워만 있어서 등에 욕창이 났다. 밥, 숨, 똥, 어느 것 하나 스스로 하지
못하는 무기력한 풍경이었다. 몇 해 전 할머니의 임종 이후 한동안 죽음에
대해 생각하지 않았는데, 이곳에선 죽음에 대해서만 생각하게 됐다.

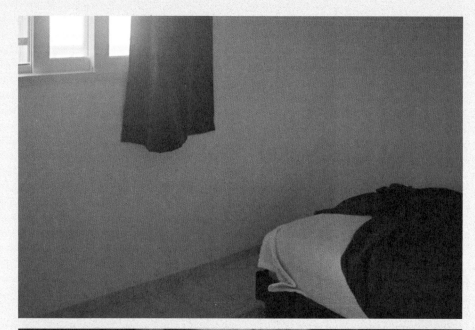

죽음은 막상 아무 일도 아닌 것 같다가도, 죽음을 둘러싼 여러 얼굴을 떠올리면 그게 괴로웠다.

당장 일주일 전까지만 해도 클럽에서 개다리춤을 추고 있었는데….

눈앞의 현실이 일종의 거대한 사기극 같았다. 맥주도, 고양이도, 뉴진스도 없는 병상에서 나는 가능한 한 먼 곳을 상상하려 노력했다. 심해어의 맛을 상상하다가, 우주인의 발가락 개수를 세어보다가, 엄청난 부자가 되어 금은보화 안에서 헤엄치는 꿈을 꿨다. 하지만 까무룩 잠이 들었다 깨어나면 모든 건 죽음이라는 흐릿한 단어 안으로 흡수되듯 사라졌다.

병상에 꼼짝없이 누워 나는 조금 더 확실한 죽음을 생각했다. 죽음 이후에 벌어질 일, 그러니까 남은 사람들을 위한 유언을 준비하고 싶었다.

'아무도 슬퍼하지 않았으면 좋겠어.' 아무리 생각해도 내가 남길 말은 그게 전부였다. 그걸 실행하기 위해선 몇 가지 준비물이 필요했다. 캠코더 하나, 건강한 몸뚱어리 하나 그리고 빛나는 유머 감각.

오랜 고민 끝에 내린 결론은, 나는 영화를 찍을 거다. 내가 연출하고, 내가 주연인 영화를 남길 거다. 내용은 이렇다. 남자(김건태)는 비가 내리는 계단에서 촐싹거리다 미끄러진다. 주위의 모두가 깜짝 놀란다. 하지만 남자는 일어나지 않고 그대로 계단에 앉아 책을 꺼내어 읽는다. 등이 다 쓸리고 엉덩이가 젖고 책은 거꾸로 들었지만, 그는 천연덕스러운 표정으로 "책 읽기 딱 좋은 날씨네."라고 말한다. (여기에서 깔깔거리는 웃음 효과가 들어간다.) 두 번째 장면에서 남자는 갑자기 달리다가 신호등에 머리를 박는다. 또 주위의 모두가 깜짝 놀란다. 하지만 사실 남자는 머리를 박은 척하며 손바닥으로 신호등을 친 거였다. (이때 카메라는 사람들의 벙찐 표정을 클로즈업하고, 〈무한도전〉의 해골 효과가 박힌다.) 그런 식으로 남자는 구덩이에 빠지고, 대포에 담겨 쏘아지고, 악어에 다리를 물린다. 그런 장면이 영화 내내 이어진다. 이런 게 무슨 재미냐고? 단언컨대 슬랩스틱은 세대를 아우르는 유일한 장르다.

나의 기일에는 모두가 웃었으면 좋겠다. 혹 누군가 눈물을 흘린다면 나는 죽어서도 견딜 수 없을 거다. 향을 피우지도 말고, 엄숙한 표정을 짓지도 말고, 그저 각자의 집에서 생전에 내가 좋아했던 감자면을 끓여 먹으며 '김건태 슬랩스틱 시즌 1'을 감상해 줬으면 좋겠다. "저 철딱서니 없는 사람이 너의 증조할아버지란다.", "웃기는 짬뽕이네." 그런 대화를 나눠줬으면 좋겠다. 하지만 막상 그날이 오면 나는 대화에 낄 수 없으니 엔딩 크레디트에 들어갈 마지막 말을 여기에 적어둔다.

"죽어서도 웃길 수 있어 다행입니다."

겁 없는 덩어리들

장을 그렇게까지 중요하게 여기지 않았더라면
오히려 지금보다는 더 쉽게 잠들었을지도 모른다.

글·그림 한승재—푸하하하프렌즈

엄마 전 침대를 집에서 치워 버렸다. 함께 일하는 친구가 내가 사는 집이 바로 아래층으로 이사 오게 되었는데 마침 침대가 필요하다고 해서 그의 방으로 옮겨다 주었다. 순간의 기분으로 자리를 일으켰지만, 사실은 아주 오래전부터 침대라는 물건을 거북하게 느끼고 있었다. 방이 좁아서 그런 건지 모르겠지만 침대라는 너무나도 커다란 물건이 방을 모두 차지하고 있는 것이 내내 불만이었다. 내 침대는 킹 사이즈였으니까 평수로 환산하면 내가 침대에게 내어준 면적은 무려 한 평 가까이 되었던 것이다. 방이 아주 컸던 것도 아닌데 침대는 책상과 장롱과 책장 등 여러 가구 사이에 섞여 있어 그리 이상할 것 없었겠지만, 침대 하나만으로 가득 차버리는 방은 어쩐지 부조리해 보이기까지 했다. 그저 침대 하나 넣어 놓으려고 가득 방을 치고 다음 담어 봤다는 사실이 좀 이상하게 느껴졌다. 가끔 문을 열고 방으로 들어가 침대를 마주한 뒤 '음.. 여기 왜 있더라?' 생각한 다음에 다시 문을 닫고 거실로 나가곤 했다.

나는 매일 아침 부지런히 일어나 이 방을 비워둬야 하는데, 게으른 침대는 하루 종일 내 방에 누워서 잠을 잔다. 이건 과연 나의 방인가? 뿐만 침대 하나만으로 꽉 찬 내 방을 보면 매번 패도 하나만으로 꽉 차는 강아지 케이지가 떠오르곤 하고, 아주 덩치가 크고 엄살이 심한 사람이 하루 종일 끙끙대며 내 방을 차지하고 있는 것처럼 느껴지기도 한다. 잠을 잘 때는 물론 그런 생각이 들지 않는다. 그레 아침에 일어나지 않고 침대에 혼자 누워 있는 침대를 보고 있자면 애는 왜 이렇게 게을러서 일어나지도 않는 건지 불만을 품게 된다. 예전에 커다란 브라운관 티브이가 거실 한가운데에 놓여 있을 때마다 비슷한 생각을 했다. 정규 방송이 송출되지 않는 한가한 오후 시간, 켜져 있지 않은 텔레비전은 모두가 잘 보는 곳에 놓인 쓰레기봉투 같아 보였다. 한동안 자주 놀러 가던 친구네 집 구석에 놓인 안마 의자도

그랬다. 재는 누가 대체 부른 손님이길래 부를 아래층으로 이사

여릴 때는 침대에서 잠을 자지 않았다. 매일 밤 하루의 아쉬움을 뒤로하고 바닥에 이불을 까는 시간이 있었고, 하루는 그렇게 지나가는 것이었다. 아침엔 개으름을 뒤로하고 이불을 개는 시간이 있었다. 매일 아침 아버지는 창문을 열어 환기부터 시켰고, 차가운 바람이 얼굴을 쓸며 비질을 하면 나는 이불을 끌어당겨 온몸을 덮었다. 그러나 이불 속으로 새어 들어오는 찬 공기를 막기엔 역부족이었고, 결국은 억지로 잠이 깨어버려 늘 아쉬웠지만, 어쨌든 몸을 일으켜 이불을 개고는 했다. 앉고 자던 이불을 건 위에 바닥에 깔고 자던 매트리스를 갤다. 앉고 자던 이불도 무거웠지만 바닥에 깔고 자는 매트리스는 훨씬 더 무겁고 두꺼워서 나는 매번 매트리스를 들어 올릴 때마다 레슬링 선수의 '빼어들기' 자세를 따라 하곤 했다. 양팔로 이불을 개만고 오른쪽으로 구를 듯이 아니면 오른쪽으로 구를 듯이 몸을 가우뚱하다가 이불이 예상하지 못한 타이밍에 그것을 힘껏 들어 올렸다. 그리고 장롱에 내던지듯이 올려놓았다. 아무튼 매일 아침 이토록 다사다난한 난리를 치르고 나면 방은 깨끗하게 비워져 있었다. 나에겐 깨끗하게 비워진 그 모습이 아침이었다.

그러나 시간은 많이 흘러버렸고, 요즘은 예전처럼 쉽게 잠이 오는 시대가 아니다. 매일 밤 수많은 사람이 분주하게 잠을 쫓는다. 마치 붉은 밤 마지막 열차를 잡는 것처럼 잠에 들기 위해 팔자의 노력을 기울인다. 편안한 침대와 편안한 베개와 숙면을 위한 ASMR, 심지어 약물 치료까지도, 수면을 위한 모든 것이 예전보다 훨씬 중요해졌다. 그리고 수면에 대한 것이라면 아주 작은 차이에도 민감해지게 되었다. 처음 침대를 고를 때 침대는 매트리스와 토퍼라는 아주 생소한 단어들로 나누어져 있다는 것을 알게 되었고, 그것을 알고 난 이후에는 침대 속이

무언으로 이루어졌는지까지 알아야 했다. 푹신한 침대가 맞는 사람이 있다고 해서 나는 어떤 사람인지 생각해 봐야 했다. '잠깐, 이거 너무하는 거 아니야?' 생각이 들었고, 그리고 그것보다 더 많은 것들을 알아야 하는데 더 이상 알고 싶지 않아 서둘러 주문했다. 나와 함께 일하는 팀원은 나오는 대로 또는 베개를 구입했다고 했다. 그리고 아직도 맞는 베개를 찾지 못하며 여러 베개의 종류와 특징에 대해 길게 이야기했다. 기술은 점차 발전하고 우리 몸은 그에 맞게 점점 예민해진다. 그리고 점점 예민해질수록 점점 잠들기 어려워질 것이다. 잠을 그렇게까지 중요하게 여기지 않았더라면 오히려 지금보다는 더 쉽게 잠들었을지도 모른다.

집에 놓인 커다란 침대가 보기에 부담스러웠던 건 크기 때문만은 아니었을 것이다. 사용하지 않고 자리를 차지하는 비경제적인 공간의 쓰임도 문제는 아니었을 것이라 생각한다. 거실에는 세탁기가, 화장실에는 변기가, 청소기가 늘 자리를 차지하고 있지만 그것들을 바라보겠다고 생각한 적은 없었으니까. 커다란 침대와 까져 있는 텔레비전 그리고 커다란 안마 의자는 다른 큰 가구들과는 다르다. 좀더 작을 수도 있었지만 커져버린 것들이다. 좀더 가벼울 수 있었지만 무거워진 것들이다. 그것들은 모두 사람들이 중요하다고 믿는 것들이고, 침대가 중요하기도 하지만 중요성보다는 중요하다고 믿는 마음이 더 큰 사물들이다. 침대가 제공하는 숙면도, 티브이가 제공하는 몰입의 경험도, 안마 의자가 제공하는 휴식도 물론 모두 중요한 것들이다. 그러나 이 사물들 사이엔 스스로 중요성을 마음껏 이용한 것들이라는 공통점이 있다. 나는 그 점이 마음에 들지 않는 것이다. 잠들지 못하면 어째나 걱정하는 사람들의 불안을 통해 잠고, 맹신에 가까운 사람들의 믿음을 통해 덩치를

키운 것들이 공간을 좁게 만든다. 내가 거북하게 느꼈던 것은 사물의 크기가 아닌 그것들의 야망이었다. 잠 없이 떵떵거리며 자리를 차지하고 있는 사물들이 그 당당함이 언짢은 것이었다. 어딜 감히!

난 잠 없는 덩어리들에게 너희는 그렇게까지 중요하지 않다고 말해주고 싶었다. 가만히 누워있는 침대, 잠자고 있는 텔레비전, 혼자서 힘주고 있는 안마 의자를 보면 흔들고 발로 차서 깨운 다음에 와서 일어나서 일이라도 좀 하든지 뭐라도 하라고 재촉하고 싶었다. 그러나 아무리 가족을 내도 스스로 일어나지 않았으므로 나는 침대 아랫부분에 두꺼운 전을 깔고 땀을 빼질빼질 흘리면서 아래층 전구 잠까지 질질 끌고 갔던 것이다. 전구 점은 평소에 비워져 있는 곳이다. 해외에 거주하는 그가 한국에 올 때만 잠시 숙소로 사용하는 공간이기 때문이다. 이곳에 사람이 없어 휑한 공간이 큰 덩어리 하나로 가득 채워진 것을 보고, 그때 나는 차라리 이곳에 잘 어울리는구나 생각했다. 그때 너 여기서 주인 행세해라. 그리고 나는 집으로 돌아가 내 방을 되찾게 되었다. 침대가 놓여 있던 자리엔 빈 공간이 남았다. 그리고 아기 손가락처럼 두툼한 먼지들이 남아 뭉굴고 있었다. 이제 나에겐 아침이 있을 것이다.

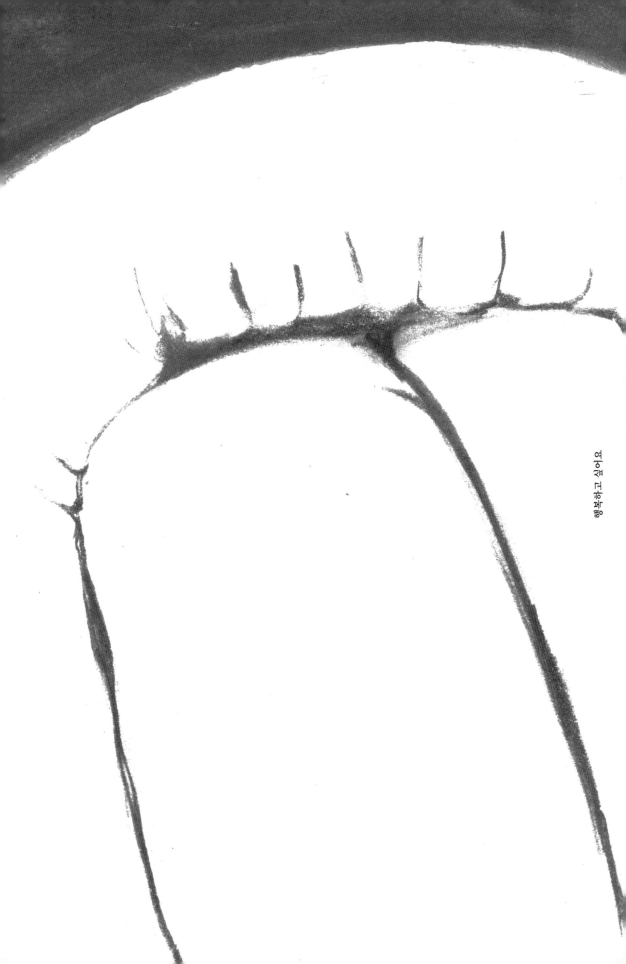

龍飛御天歌 제159장

불면과 악몽의 밤

글 한수희
일러스트 서수연

잠을 잘 잘 수 없게 된 것은 작년 가을부터였다. 몇 달 후 불안 장애와 우울증과 자살
충동, 공황 장애가 굴비 두름처럼 줄줄 딸려 왔다. 이러다 진짜 큰일 나겠다 싶어
병원으로 달려갔다. 요즘은 그때 일이 꿈처럼 느껴질 정도로 멀쩡하다. 운이 좋았다.

나는 원래 잠을 잘 잔다. 어릴 때는 머리만 대면 자는 타입이었고 청소년기에도 9시만 넘으면 졸려서 정신을 못 차렸다. 그런데 작년 가을 무렵부터 잠을 깊이 자지 못하고 하룻밤에도 몇 번씩 깨기 시작했다. 악몽을 꾸다가 소스라치게 놀라서 깨고, 그렇게 깨면 끔찍한 잔상이 남아서 몇 시간 동안 괴로워하며 자지 못한다. 겨우 잠이 들었다가 한 시간 반쯤 지나면 또 깨어났다. 하룻밤에 악몽을 세 개 정도는 꿨다. 그게 그렇게 큰 문제인 줄은 몰랐다.

그러다가 혀가 아프기 시작했고, 이 병원 저 병원을 다니다가 대학병원까지 가게 됐는데 예진 검사지에 수면 장애와 우울감에 대한 항목들이 있었다. 그 기나긴 항목들에 하나하나 체크하다가 어느 순간 종이에 먹물이 번지듯 서서히 무언가를 깨달았다. 아, 나 우울하구나. 당황스러웠다. 내가 우울증이라고? 그럴 리가. 나는 행복했다. 그렇다고 믿었다. 그리고 실제로도 내가 불행할 이유는 없었다. 외적으로나, 내적으로나. 가족 모두 건강했고, 금전적인 문제도, 특별한 고민거리도 없었다. 하던 일도 잘 되어가고 있는 편이었고, 사회적으로 인정도 받았다. 매일 규칙적이고 건강한 생활도 했다. 억눌린 욕망 같은 것도 없었다. 나는 내 삶을 사랑했다. 그런데 이게 어찌된 일이지?

　잠이 오지 않은 지 오늘로 며칠째일까.
처음으로 잠을 못 잔 것이 지지난주 화요일이었다.
그렇다면 오늘로 십칠 일째다. 십칠 일 동안 나는
한숨도 자지 않았다. 열일곱 번의 낮과 열일곱 번의
밤. 대단히 긴 시간이다. 잠이라는 게 어떤 것인지,

이제는 그것조차 제대로 생각나지 않는다.
　　　— 무라카미 하루키, 《잠》 중에서

무라카미 하루키의 단편 소설 《잠》은 잠들지 못하는 한 가정주부의 이야기다. 악몽을 꾸고 가위에 눌린 후 갑자기 잠을 못 자게 된 여자는 기나긴 밤을 때우기 위해 기나긴 러시아 소설들을 읽는다. 톨스토이나 도스토옙스키의 책들을. 이상한 것은 며칠째 잠을 못 자는데도 전혀 피로하지 않다는 것이다. 책은 전에 없이 잘 읽히고, 얼굴과 몸은 그 어느 때보다도 예쁘고 건강해 보인다. 그리고 이 여자는 자신에게 일어난 이 이상한 일에 대해, 자신의 삶에 대해 생각하기 시작한다.

　하루하루가 거의 똑같은 일의 되풀이였다.
나는 간단하게 일기 같은 것을 쓰고 있지만
이삼 일 깜빡 잊고 쓰지 않으면 어느 날이
어느 날인지 벌써 구별하지 못한다.
어제와 그제가 뒤바뀌어도 거기에는 아무
지장도 없다. 이게 대체 무슨 인생인가,
때때로 그렇게 생각한다. 하지만 그것으로 허망함을
느낀다는 것도 아니다. 나는 그냥 단순히 깜짝
놀랄 뿐이다. 어제와 그제의 구별도 되지 않는다는
사실에. 그런 인생에 나 자신이 끼워 맞춰져
버렸다는 사실에. 나 자신이 찍은 발자취가
그것을 인정할 틈도 없이 눈 깜짝할 사이에
바람에 날려가 버린다는 사실에.
　　　— 《잠》 중에서

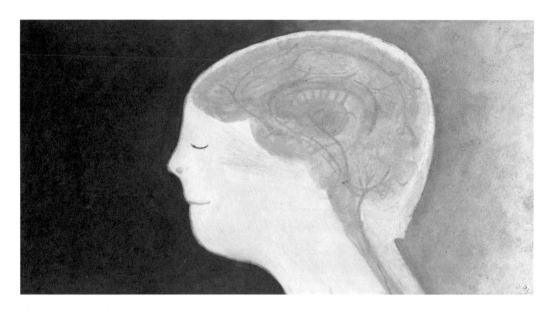

이 여자도 나처럼 아무런 문제가 없는 삶을 산다. 남편의
치과는 순탄하게 운영되고 있고, 둘 사이는 여전히
끈끈하며, 아이는 제 아버지를 꼭 닮았다. 주로 집에
머물며 남편과 아이를 돌보는 그녀의 삶은 안정이라는 말
그 자체다. 아마 이대로 쭉 삶은 흘러가리라. 죽을 때까지.
그러나 안정과 평온이라는 표피를 쓴 매일의 틈새에
불면이라는 의심스러운 씨앗이 싹을 틔우더니, 결국 그녀의
삶에 짙은 그림자를 드리우기에 이른다. 이제 현실은
전과 다르게 보인다. 그녀는 남편에게 혐오감을 느끼고,
남편을 닮은 아들에게 거리감을 느끼다가 급기야 공포에
사로잡힌다. 어쩌면 나는 이대로 죽어가는 건 아닐까?
중년의 나이에 나를 찾아온 불안과 불면에 대해, 그것이
불러온 우울에 대해 진지하게 생각해 봤다. 대단치는
않지만 어쨌든 젊은 시절이라는 난관을 뚫고 여기까지
왔다. 미래가 막막했던 시절도 분명히 있었지만 지금은
겨우 겨우 안정되었다. 그러나 내 삶을 사랑하는 만큼 나는
두려웠다. 겨우 얻은 이 행복과 안정이 어느 순간 와르르
무너질지도 모른다는 불안감에 떨었다.
이 불안감은 망상으로 연결됐다. 집에 불이 나는 망상,
남편이 모는 차가 사고를 당하는 망상, 학교에 가는
아이에게 나쁜 일이 생기는 망상, 끔찍한 질병에 걸리는
망상, 건물이 무너지고 비행기가 추락하는 망상, 어느 날
갑자기 모든 걸 빼앗기는 망상. 망상은 통제할 수가 없었다.
망상은 공포로 연결되었고, 나는 그렇게 두려움에 떨다가
이런 생각까지 하게 되었다. '그런 일을 겪어야 한다니,
무서워 죽을 것 같아. 이럴 바엔 차라리 빨리 죽는 게
낫지 않을까? 어떻게 죽어야 덜 고통스러울까?' 깊은 밤
침대 위에서 인션내교와 빈개린를 써을틸히던 나느 도면
제정신이 아니었다.

죽음에 성공한 이들을 볼 때면 마음이 저린다.
성공이란 말이 웃기지만 자살을 시도한 사람에겐
죽음은 미션 성공이다. 나는 여러 번의 실패로
죽음에 도달하지 못했을 뿐이다.
　　　― 김예지, 《다행히도 죽지 않았습니다》 중에서

불면증과 우울증이 나타나기 한참 전, 어느 서점의 행사에
초대를 받아서 갔다가 《저 청소일 하는데요?》라는 책을 쓴
김예지 작가를 만났다. 나는 그 서점에서 아직 읽어보지
않은 그의 책 《다행히도 죽지 않았습니다》를 샀다.
집으로 돌아오는 길에 책을 읽으면서 좀 놀랐다. 내가 본
김예지 작가는 구김 없이 밝고 건강한 사람처럼 보였기
때문이다. 그런 사람에게 사회 불안 장애와 우울증 그리고
자살충동이 있었다고는 상상조차 하기 어려웠다.
그 후에 내게도 우울증이 찾아오고 결국 이 만화책 덕분에
구원을 받게 될 줄 그때의 나는 역시 상상조차 못했다.
병에 걸리기 전에 병에 걸리면 어떻게 해야 하는지를
미리 배워뒀기 때문에 나는 생각보다 빠르고 순조롭게
그 수렁에서 빠져나올 수 있었다. 우울증 치료를 받는 내내
이 작가에게 마음 깊이 감사했디.

사회공포증은 일반적인 사람들이 느끼는
'수줍음'과는 다른 감정이다. 일반인에겐
'수줍음'이지만, 사회공포증 환자에겐 '공포'다.
일반적인 사람은 수줍음을 느낀다 하여 기분이
거북하고 행동이 꺼려지지 않는다. 하지만
사회공포증 환자들은 그 상황에서 공황에 빠지거나
몸이 경직된다.
　　　― 《디행히도 축지 냲썼닙니까》 昷예시

내가 겪는 장애가 불안 장애라면, 작가 김예지는 어린 시절부터 사회 불안 장애를 앓았다. 물론 그때는 그도 그게 장애라는 생각조차 하지 못했다. 겉으로는 평범하고 밝아 보였지만 사실 어떤 그룹에서나 불편함과 소외감을 느꼈다. 하지만 그런 감정을 드러내면 더 소외될까 두려워 아닌 척하면서 증상은 점점 더 심해졌다. 그런 자신의 소심함을 탓하면서 우울증이 생겼고, 우울증은 자살 충동으로 연결됐다.

정신적인 고통은 신체적인 고통보다 이해받기 어렵다. 불안 장애와 우울증을 주변 사람들에게 용기 내어 고백했을 때, 나는 마치 벽을 마주하고 있는 느낌을 받았다. 내가 아무리 설명해도 그들은 전혀 이해하지 못했다. 하지만 그들을 원망할 수는 없었다. 바로 얼마 전, 우울증을 견디다 못해 자살한 어린 여자 연예인을 두고 "그 시기만 넘겨보지, 왜 자살을 했을까?" 하고 말한 사람이 나였으니까. 아무리 우울하고 힘들어도 정신과는 정말로 가고 싶지 않았고, 정신과 약을 먹고 있다고 말하는 사람들을 그다지 긍정적인 시선으로 바라보지 않던 사람도 나였다(천벌이다).

나의 김예지 스승님은 스스로 공부한 끝에 우울증을 상담 치료나 운동, 생활 습관, 정신력만으로는 치료할 수 없다는 사실을 알게 됐다. 불안 장애를 가진 사람에게는 뇌 속의 세로토닌이 너무 빠르게 재흡수되는 것이 문제라고 했다. 기분을 안정되게 만드는 세로토닌이 부족하면 우울하고 불안해진다. 물론 흔히들 말하듯이 햇볕을 많이 쬐고, 건강한 음식을 많이 섭취하고, 운동을 열심히 하는 것도 도움이 된다. 하지만 심한 불안 장애와 우울증을 앓는 사람에게는 그것만으로는 부족하다. 뇌 속에 세로토닌을 좀더 오래 머물게 하려면 약물 치료가 불가피하다.

치료 과정에는 쉬운 일이 하나도 없다.
심리적 상담은 상담 선생님에게, 약물 복용은 정신과 의사에게 확실하게 구분하여 치료를 받았다. 이렇게 마음먹으니 더 이상 정신과 치료에서 상처받지 않았다. 딱 내가 필요한 부분만 채워주면 됐고 심리적인 부분은 다른 곳에서 채우고 있었으니 말이다. 나는 이런 이분법을 선택했지만 사실 여러모로 정신과가 다정해지길 바란다. 더 친절하게 병명을 설명해주고 약을 설명해주길, 누군가는 마지막 선택으로 정신과를 찾기만 하니 말이다.
— 《다행히도 죽지 않았습니다》 중에서

나도 스승님의 방식을 똑같이 따라 했다. 우울증에 이어 공황 장애까지 찾아오자 일단 병원으로 달려갔다. 그가 조언한 대로 정신과는 영화에 나오는 것처럼 소파에 누워 심리 상담을 받는 곳이 아니라, 약 처방을 받는 곳이라는 것부터 나 자신에게 확실히 했다. 첫 번째로 간 동네 병원이 나와 잘 맞지 않는 것 같아 두 번째로 찾아낸 병원은 다행히 잘 맞았다. 선생님은 밝고 쾌활했고, 내가 겪고 있는 어려움이 왜 생겼는지, 이를 어떤 식으로 치료할 것인지, 치료는 얼마나 걸리게 될지를 명쾌하게 말해주었다. 그가 모호한 심리 이론보다는 분명한 뇌과학에 대해서 더 많이 말해주는 것이 오히려 나에게는 더 안심이 되었다.

약을 먹고 난 뒤부터 곧 잘 잘 수 있게 됐다. 한두 달 정도 지났을 때, 내가 더는 불안해하지 않는다는 것을 깨달았다. 망상에도 빠지지 않았고, 끝도 없이 부정적인 생각들을 하지도 않았다(예전에는 정말 미친 사람처럼 혼잣말도 했다). 작은 자극에도 짜증과 화가 나는 일이 줄었다. 나는 너무 기쁘지도, 너무 슬프지도, 너무 불안하지도, 너무 가라앉지도 않았다. 그저 평온해졌다. 평생 처음 느껴보는 것 같은 상태였다. 다른 사람들은 다들 이런 기분으로 살았겠구나, 싶으니 억울할 정도였다. 지금껏 자기 자신과 싸우며 힘겹게 살아온 나를 나라도 쓰다듬어 주고 싶었다.

나는 아직도 눈을 감고 있었다.
눈을 뜰 수가 없었다. 그저 눈앞에 버티고 선
두툼한 암흑을 뚫어져라 바라보았다.
암흑은 우주 그 자체처럼 깊고 어떤 구원도 없었다.
나는 외톨이였다. 내 의식은 집중되고 확장되었다.
마음만 먹는다면 그 우주의 저 깊은 곳까지
볼 수 있을 것 같았다. 하지만 나는 그것을
바라보지 않으려고 했다. 아직은 너무 일러, 라고
나는 생각했다.
— 《잠》 중에서

저녁마다 나는 육상 트랙을 달린다. 땀이 날 정도로 달린 다음에는 집으로 돌아와 샤워를 하고, 오늘치의 약을 먹는다. 두 알이고, 두 알 모두 세로토닌 재흡수를 억제하는 효과가 있다. 약을 하나씩 삼킬 때마다 이 약들이 내 뇌 속 환경을 더 좋게 만들어줄 거라고 했던 선생님의 발랄한 목소리를 떠올린다. 10시가 되기 전에 침대에 눕는다. 얼마 지나지 않아 잠이 든다. 악몽은 더 이상 꾸지 않는다. 그리고 내일도 똑같은 하루가 될 것이다. 그러다 가끔 내 마음속 깊은 곳의 점 같은 암흑을 생각한다. 우주 그 자체처럼 깊고 어떤 구원도 없는 암흑을.
그 깊은 어둠을 바라보기에, 아직은 너무 이르다.

1.   2.   3.

4.   5.   6.

1. 밤에 일하고 낮에 쉽니다 │ 정인성 │ 북스톤

우리에게 책과 술을 즐기는 새로운 방식을 제안한 책바. 그 뒤편에
서 있는 정인성 대표는 이 책을 통해 낭만을 놓치지 않는 현실에 대해,
일에서 비롯된 고민과 시행착오에 대해 기꺼이 나눈다. 남들과 달리
밤에 일하고 낮에 쉬지만 좋아하는 일로부터 행복을 톡톡히 얻는
그의 이야기는 새로운 도전을 거듭하려는 사람들에게 충실한
안내서가 되어준다.

2. 어제의 영화. 오늘의 감독. 내일의 대화 │ 민용준 │ 진풍경

한 명의 인터뷰어와 열세 명의 감독, 열다섯 번의 만남과 34시간
4분 50초간의 대화까지. 680쪽 분량의 인터뷰집을 완성하는 데
쓰인 노력과 애정의 숫자디. 영화 저널리스트이자 대중문화
칼럼니스트 민용준은 김보라, 윤가은, 이와이 슌지 등 한 차례 이상
여성 서사를 다룬 감독들을 만나 이야기를 나눴다. 영화의 끝에서
다시금 깊고도 진한 대화가 시작된다.

3. 아무튼, 잠 │ 정희재 │ 제철소

《어쩌면 내가 가장 듣고 싶었던 말》, 《아무것도 하지 않을 권리》를
선사한 작가 정희재가 오랜만에 발표한 에세이. 고등학교 여름방학
때 잘 곳이 없어 문예부실에서 몰래 청한 도둑잠부터 통잠, 단잠,
늦잠까지, 눈을 감아야 시작되는 그 순간에 대한 이야기를 모두
불러 담았다. '인생을 놓고 잠이 하는 시간과 누워 있는 시간으로
구성돼 있다.'는 작가의 말을 떠올리며 잠을 예찬해 보자.

4. 百의 그림자 │ 황정은 │ 창비

은교와 무재는 도심 한복판에 자리한 철거 직전 전자상가에서
일한다. 함께 일하는 동료들과 떠난 여행에서 둘은 길을 잃고
무리와 멀어지는데, 그때 은교는 자신의 그림자가 저절로 일어나는
기묘한 경험을 한다. 냉정하고도 뾰족한 도시 속 만연한 아픔, 둘은
그 한가운데를 덤덤히 바라보며 온기를 전한다. 오해하고 있을지도
모르지만, 이 이야기는 은교와 무재의 은근한 연애담이다.

5. 〈잠〉(2023) │ 유재선 │ 미스터리

여느 때처럼 기분 좋게 잠을 청하던 현수와 수진. 이내 잠든 현수가
"누가 들어왔어."라고 중얼거린 후부터 편안해야 할 밤은 악몽으로
바뀌어 버린다. 잠이 들 때마다 다른 사람처럼 변하는 현수는
가족을 해칠까 두렵지만 아무런 기억이 나지 않아 괴롭기만 하다.
잠에 들지 않아도, 잠에 빠져들어도 고통인 나날 속에서 보이지
않는 답을 찾아야만 하는 미스터리 영화.

6. 〈뷰티 인사이드〉(2015) │ 백종열 │ 멜로, 로맨스

나의 연인이 매일 달라진 모습으로 눈앞에 나타난다면 어떤
기분일까. 우진은 자고 일어나면 나이와 성별, 때로는 국적까지도
넘나들며 모습을 달리한다. 이수는 모든 모습의 우진을 사랑하지만,
연인의 목소리도 얼굴도 설명할 수 없는 상황이 그녀를 혼란이라는
늪에 빠뜨린다. 잠이라는 시간, 그 필수 불가결함을 넘어 애정을
나누는 그들의 마음을 따라가 본다.

DEFINE: SEOUL

**NOVEMBER
1–5, 2023**

LAYER 27 & 41
ANDY'S 636

ORGANISED BY
ART BUSAN INC.

잠에도 남아 있는 버릇

드르렁 드르렁, 뒹굴뒹굴, 득득….

두 아이 잠버릇 | 발행인 송원준
우리 집 두 아이는 엄마 양쪽에 열매처럼 매달려서 잠을
잔다. 두 아이가 잠이 들 때까지 엄마는 움직일 수가 없다.
몰래 빠져나와도 눈을 떴을 때 엄마가 없으면 찾으러 집안을
뛰어다닌다. 이건 사랑일까, 집착일까, 경쟁일까?

꿈꾸는 어린이는 말을 한다 | 편집장 김이경
나는 아마도 잠버릇이 없을 것이다. 우리 집에서 제일 늦게 자고
가장 일찍 일어나기 때문에 모르는 것일지도. 우리 집 막내
아림이는 잠꼬대를 자주 하는데, 깔깔 웃거나 친구한테 뭐라고
말을 한다. 잠이 깬 건가 보면 눈을 감고 있다. 꿈꾸는 어린이여,
무럭무럭 자라거라.

내일의 잠꼬대 | 수석 에디터 이주연
언젠가 이런 잠꼬대를 할 것 같아요. "안간힘을 다해 사랑한 책이
있습니다. 함께 애쓴 사람들이 내게 얼마나 귀한지, 말해보고
싶었어요." 안녕! 나의! 어라운드!

쓰담쓰담 | 에디터 이명주
잠귀도 밝고 내일의 할 일과 불안에 마음이 두근대고 작은
불빛에도 깨버리는, 하여튼 잠에 관해서는 유약한 사람이다.
그럴 때 한 가지 묘약은 쓰다듬는 손을 상상하는 것. 모로 누운
나를 머리부터 팔꿈치까지 쓰다듬어주며 말한다. 괜찮아,
괜찮아.

진짜 골았어? 에이, 거짓말. | 디자이너 양예슬
사무실 내 자리 맞은편에 앉는 주연은 종종 잘 때 코를 골아댄다.
선잠에서 깬 그녀에게 코를 열심히도 골았다 말해주면 도통 믿질
않아 기사 미치고 꼬기 믹힐 노릇이다. 앞으로 당신이 코골이가
많이 그리웁겠지.

밤사이에 | 마케터 윤혜원
수개월째 아침이 찾아오면 온몸이 녹녹하게 젖어 있다. 식은땀일
테니 기지개를 켠 후 샤워를 한다. 오래 반복된 루틴 덕에 출근 전
비타민 음료를 챙겨 마시는 습관이 생겼다. 밤사이에 어딜 가기
바빴길래 아침의 식은땀으로 도착하려나?

꿈속에서도 바쁜 젤리 | 브랜드 프로젝트 디렉터 김진형
저의 반려견 젤리는 특히 머리 위에서 몸을 웅크리고 잘 때가
가장 귀여워요. 꿈속에서도 뭐가 그렇게 바쁜지 팔과 다리를
불규칙하게 흔들기도 하고요. 볼 때마다 너무 귀여워서 괴롭히고
싶어져요. (아마 반려견을 키우시는 분들은 공감하실 거예요.)

위험하지만 귀여운 | 브랜드 프로젝트 매니저 정현지
우리 아빠와 나는 가위에 자주 눌린다. 그래서 항상 부녀의 베개
밑에는 진짜 가위가 있다. 내가 가위를 누른다는(?) 나름 이유
있는 아빠의 해결책이다. 사실 말은 안 되지만, 가위에 눌릴 뻔할
때마다 아빠의 귀여움이 나를 지켜주는 기분이 든다.

부모님도 이따금 | 브랜드 프로젝트 매니저 지정현
잠결에 엄마를 찾더라.

어떤 꿈을 꾸었니? | 브랜드 프로젝트 매니저 정도원
어릴 적 우리 집 강아지 자는 걸 가만히 지켜보는 것을 참
좋아했다. 가끔씩 "왕왕! 으르르—" 발을 휘저으며 달리는
시늉을 하다 갑자기 깨서 어리둥절해하면, 무슨 꿈을 그렇게
꾸었는지 묻고 싶었는데. 이제는 나의 꿈속으로 찾아와 줘,
베티야!

Vol.01	Vol.02	Vol.03	Vol.04	Vol.05	Vol.06	Vol.07	Vol.08	Vol.09	Vol.10	Vol.11
Vol.12	Vol.13	Vol.14	Vol.15	Vol.16	Vol.17	Vol.18	Vol.19	Vol.20	Vol.21	Vol.22
Vol.23	Vol.24	Vol.25	Vol.26	Vol.27	Vol.28	Vol.29	Vol.30	Vol.31	Vol.32	Vol.33
Vol.34	Vol.35	Vol.36	Vol.37	Vol.38	Vol.39	Vol.40	Vol.41	Vol.42	Vol.43	Vol.44
Vol.45	Vol.46	Vol.47	Vol.48	Vol.49	Vol.50	Vol.51	Vol.52	Vol.53	Vol.54	Vol.55
Vol.56	Vol.57	Vol.58	Vol.59	Vol.60	Vol.61	Vol.62	Vol.63	Vol.64	Vol.65	Vol.66
Vol.67	Vol.68	Vol.69	Vol.70	Vol.71	Vol.72	Vol.73	Vol.74	Vol.75	Vol.76	Vol.77
Vol.78	Vol.79	Vol.80	Vol.81	Vol.82	Vol.83	Vol.84	Vol.85	Vol.86	Vol.87	Vol.88
Vol.89	Vol.90	Vol.91								

1년 정기구독

《AROUND》는 격월간지로 짝수 달에 발행됩니다. 정기구독을 신청하시면 어라운드 온라인 콘텐츠
이용권이 함께 제공됩니다.

《AROUND》 매거진(총 6권) & 온라인 콘텐츠 이용권
97,200원 / a-round.kr

AROUND NEWSLETTER

책에서 못다 한 이야기를 펼쳐 보입니다.
또 다른 콘텐츠로 교감하며 이야기를 넓혀볼게요.
홈페이지에서 뉴스레터를 구독해 주세요.

a-round.kr > Newsletter

Publisher

송원준 Song Wonjune

Editor in Chief

김이경 Kim Leekyeng

Senior Editor

이주연 Lee Zuyeon

Editor

이명주 Lee Myeongju

Art Director

김이경 Kim Leekyeng

Senior Designer

양예슬 Yang Yeseul

Cover Design Guide

오혜진 O Hezin

Cover Image

Laura Riu

Photographer

강현욱 Kang Hyunuk

김혜정 Keem Hyejung

윤동길 Yun Donggil

해란 Hae Ran

Project Editor

김건태 Kim Kuntae

배순탁 Bae Soontak

전진우 Jun Jinwoo

정다운 Jung Daun

한수희 Han Suhui

한승재 Han Seungjae

Illustrator

서수연 Seo Sooyeon

세아추 Sea Choo

휘리 Wheelee

Marketer

윤혜원 Yoon Hyewon

Copy Editor

기인선 Ki Inseon

Management Support

강상림 Kang Sanglim

Publishing

(주)어라운드

도서등록번호 제 2014-000186호

출판등록일 2009년 12월 5일

ISSN 2287-4216

창간 2012년 8월 20일

발행일 2023년 10월 6일

AROUND Inc.

서울시 마포구 동교로51길 27

27, Donggyoro 51-gil, Mapo-gu, Seoul, Korea

광고 문의 / 070 8650 6378

구독 문의 / 070 8650 6375

around@a-round.kr

a-round.kr

instagram.com/aroundmagazine

post.naver.com/pgbook2